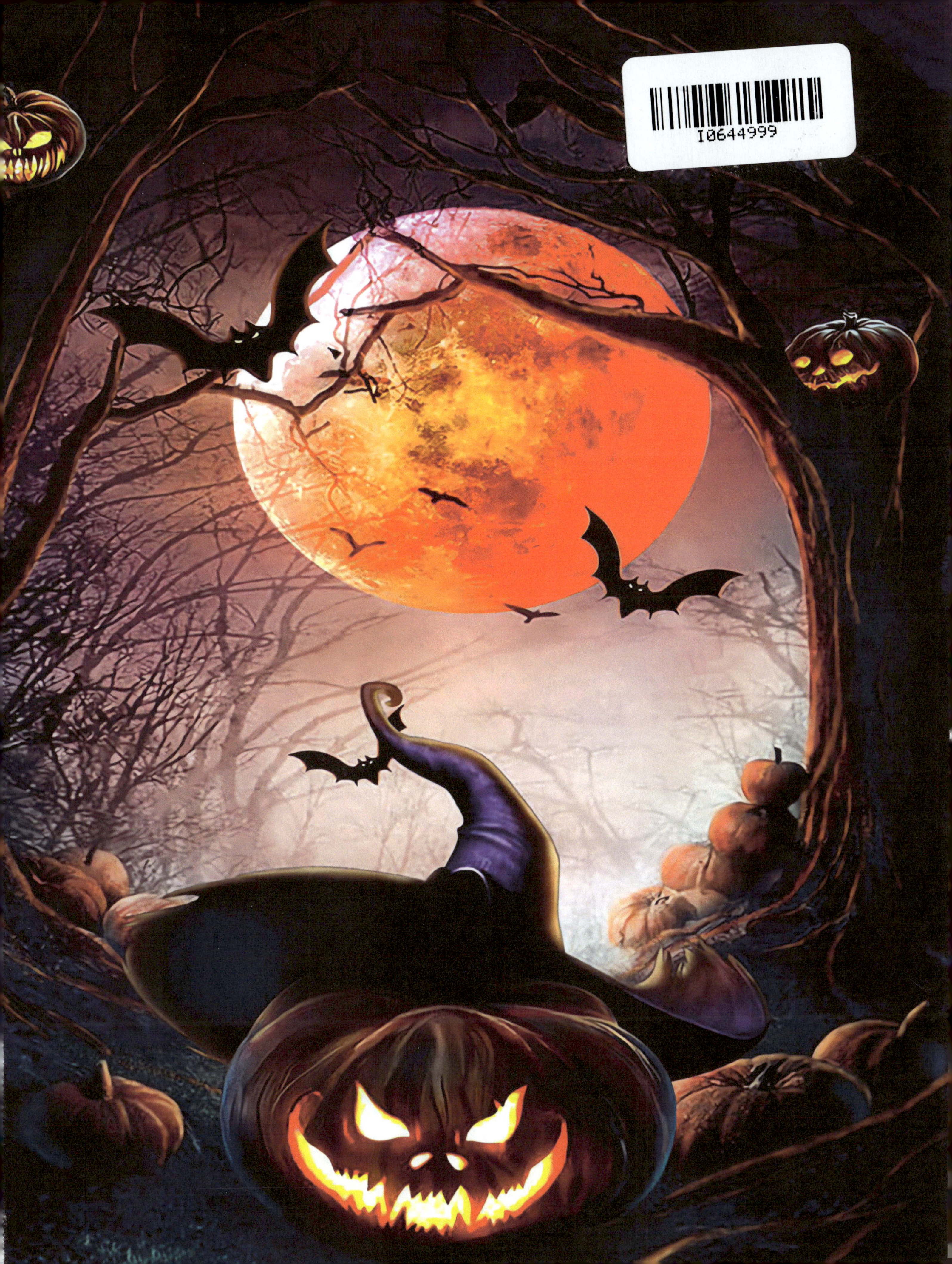

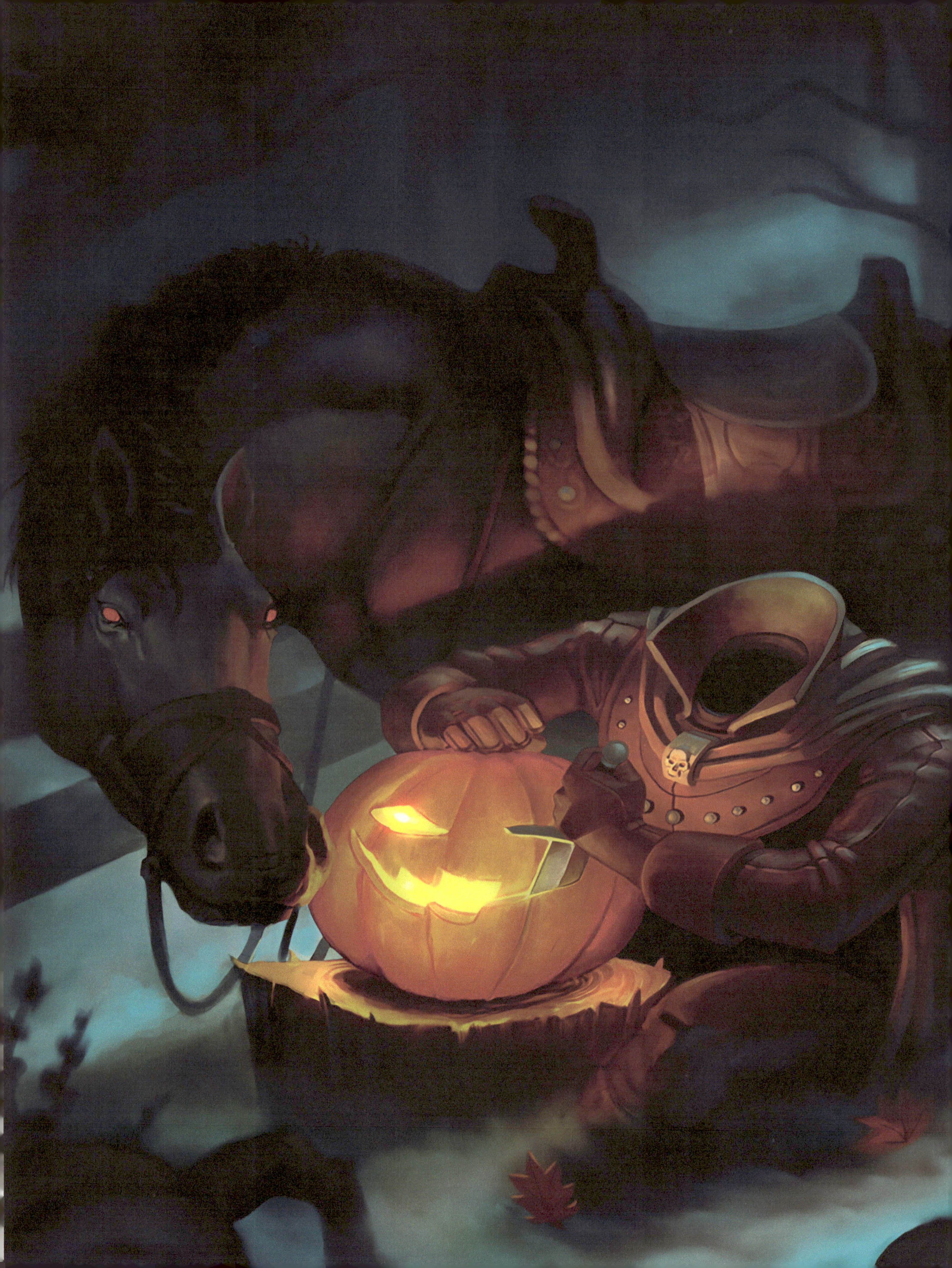

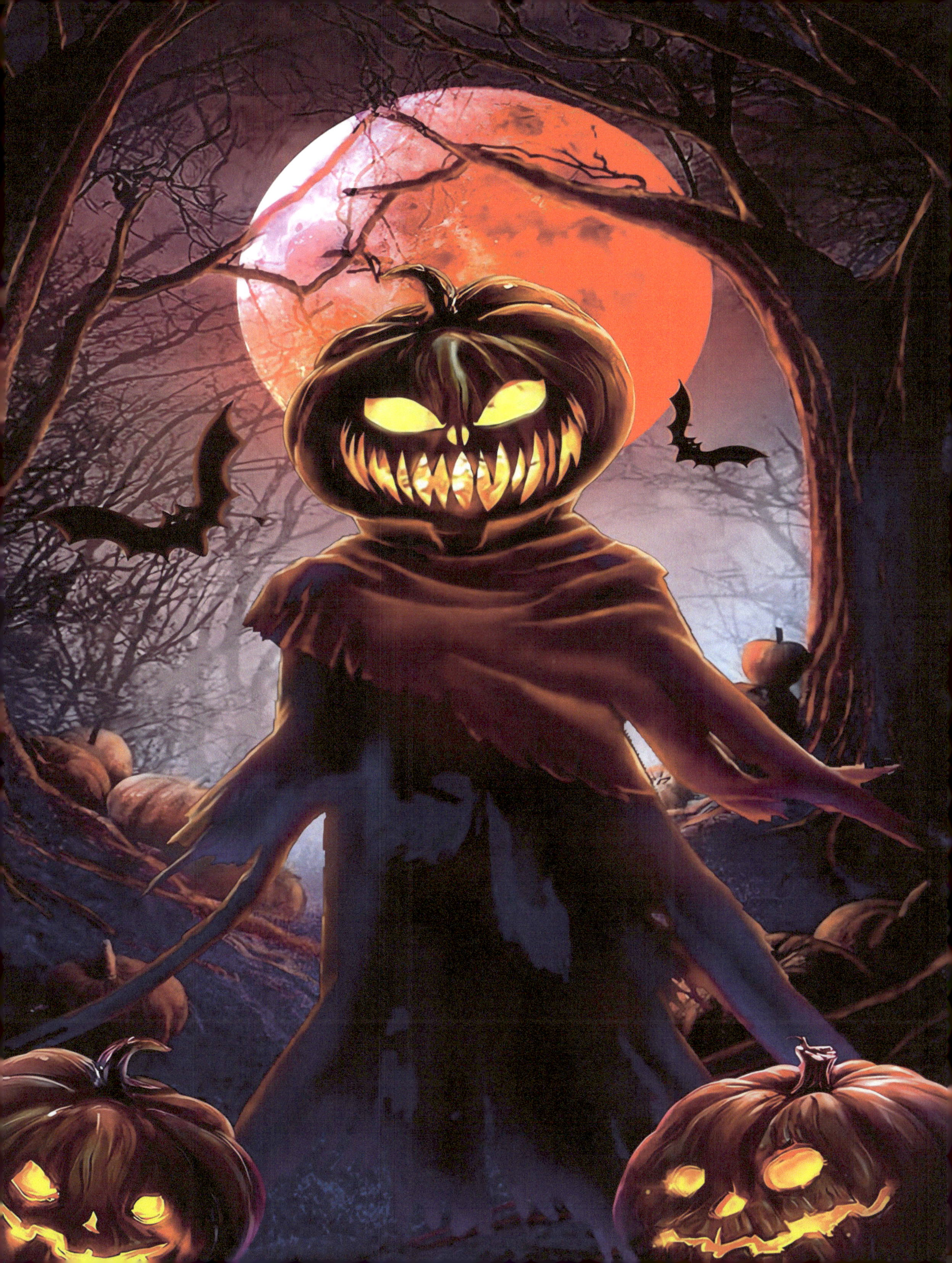

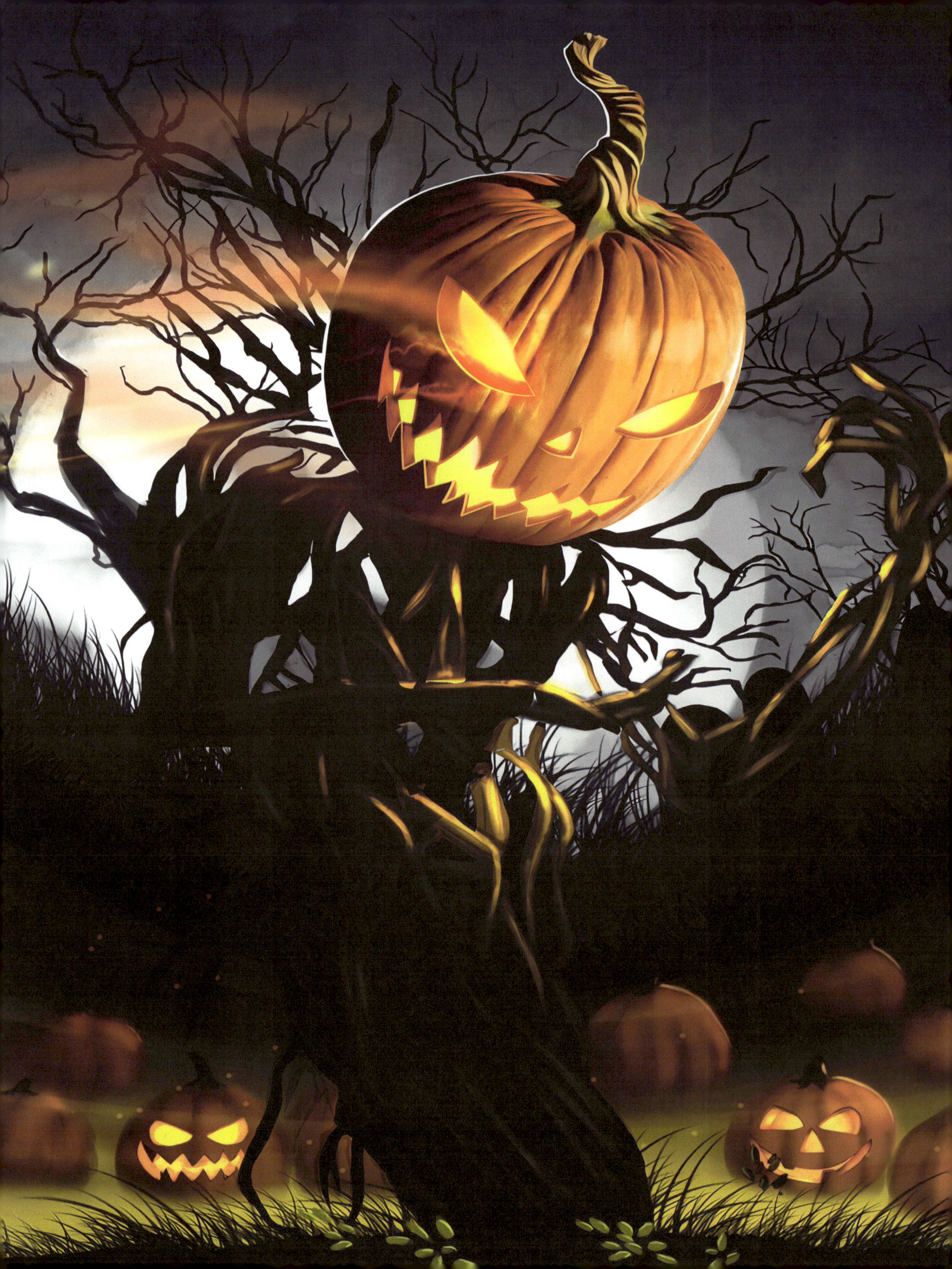

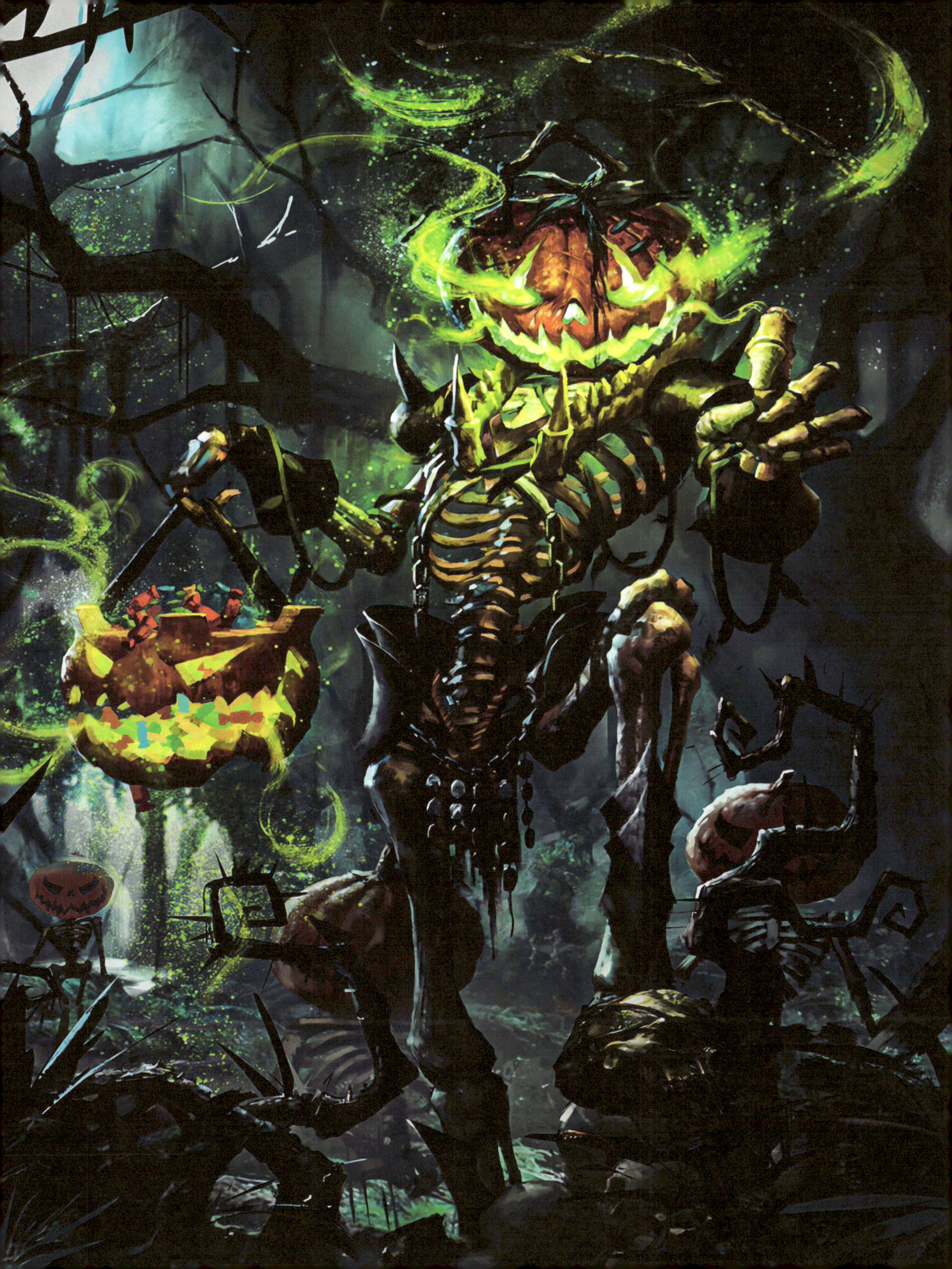

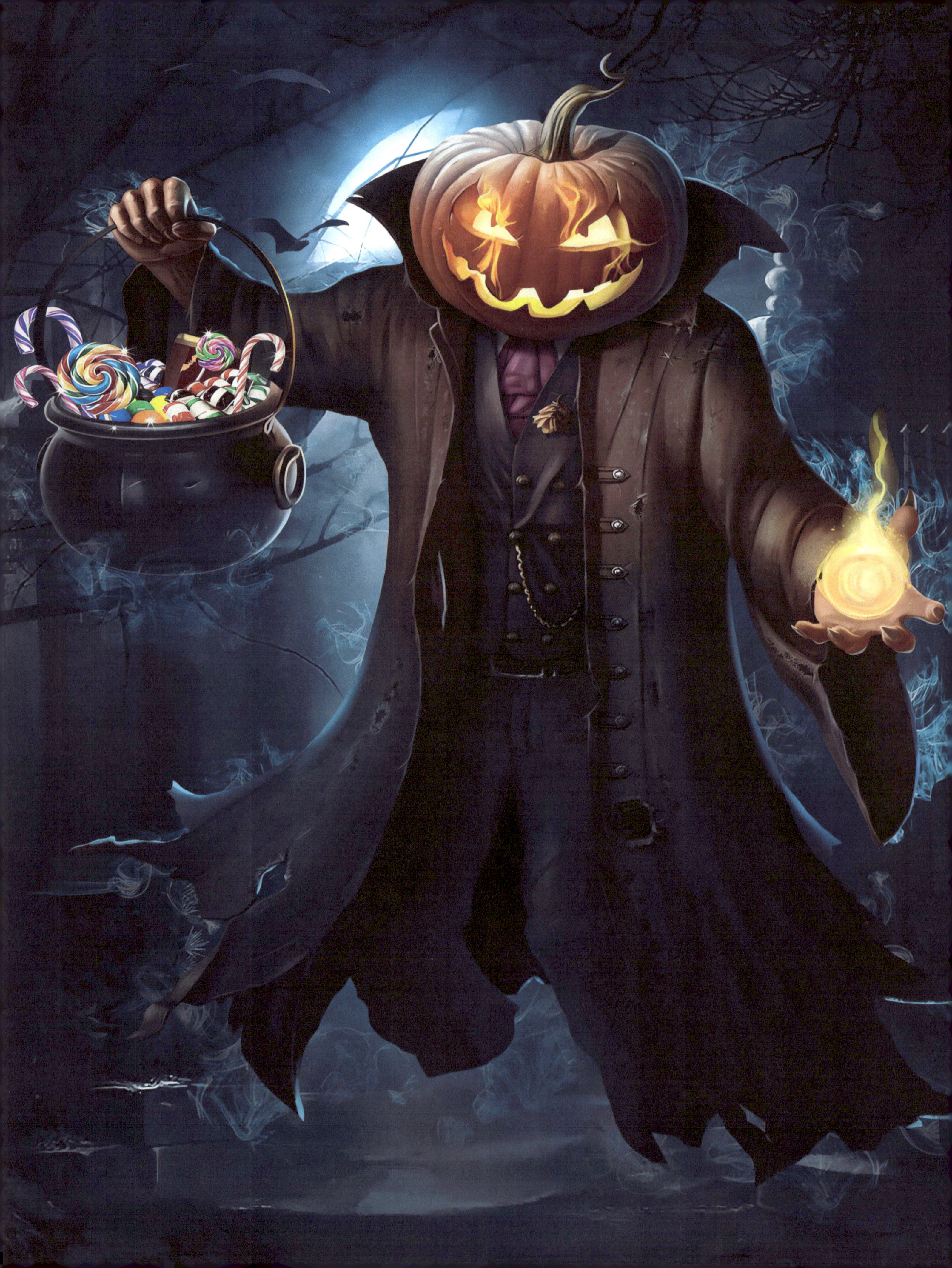

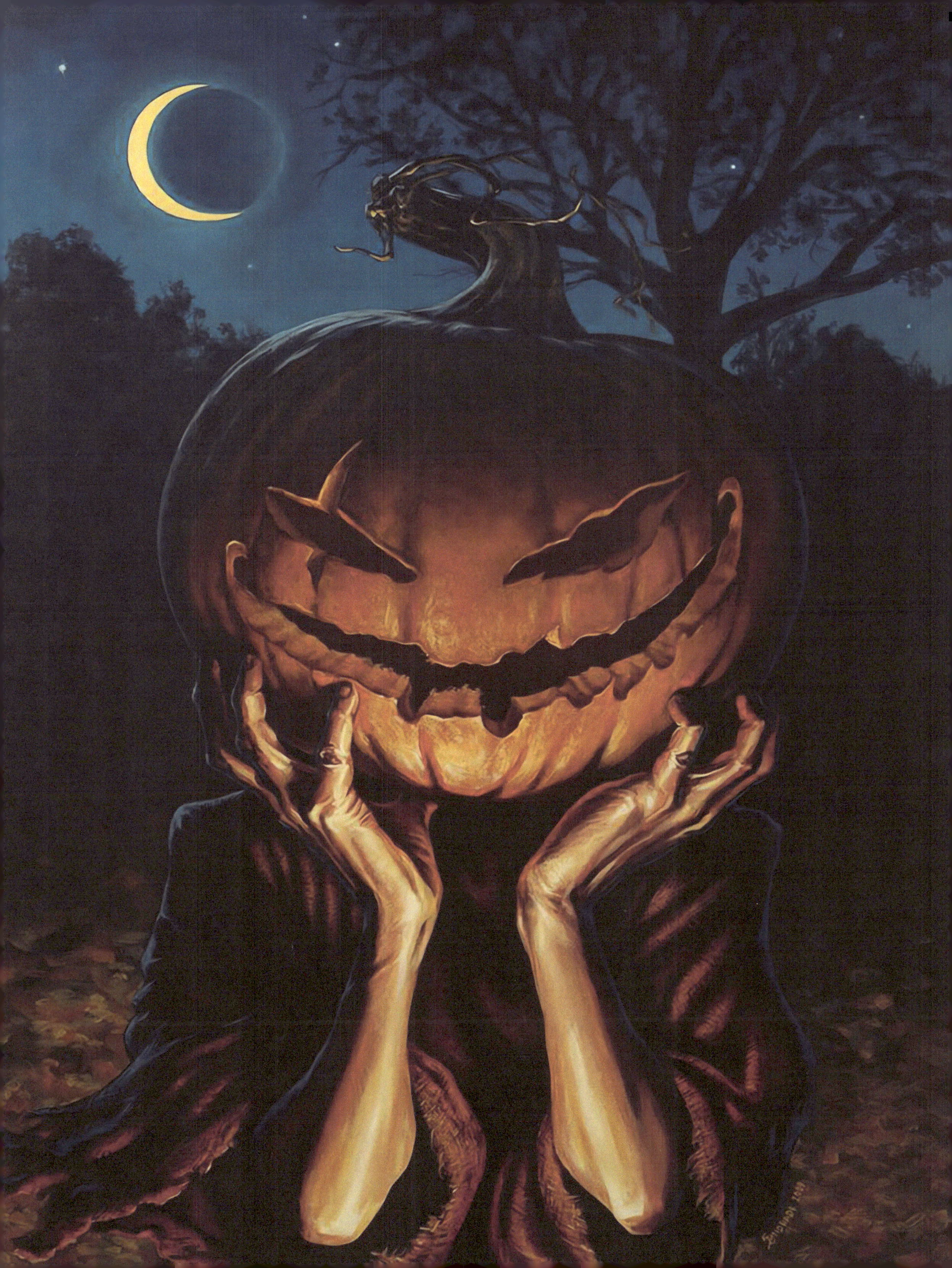

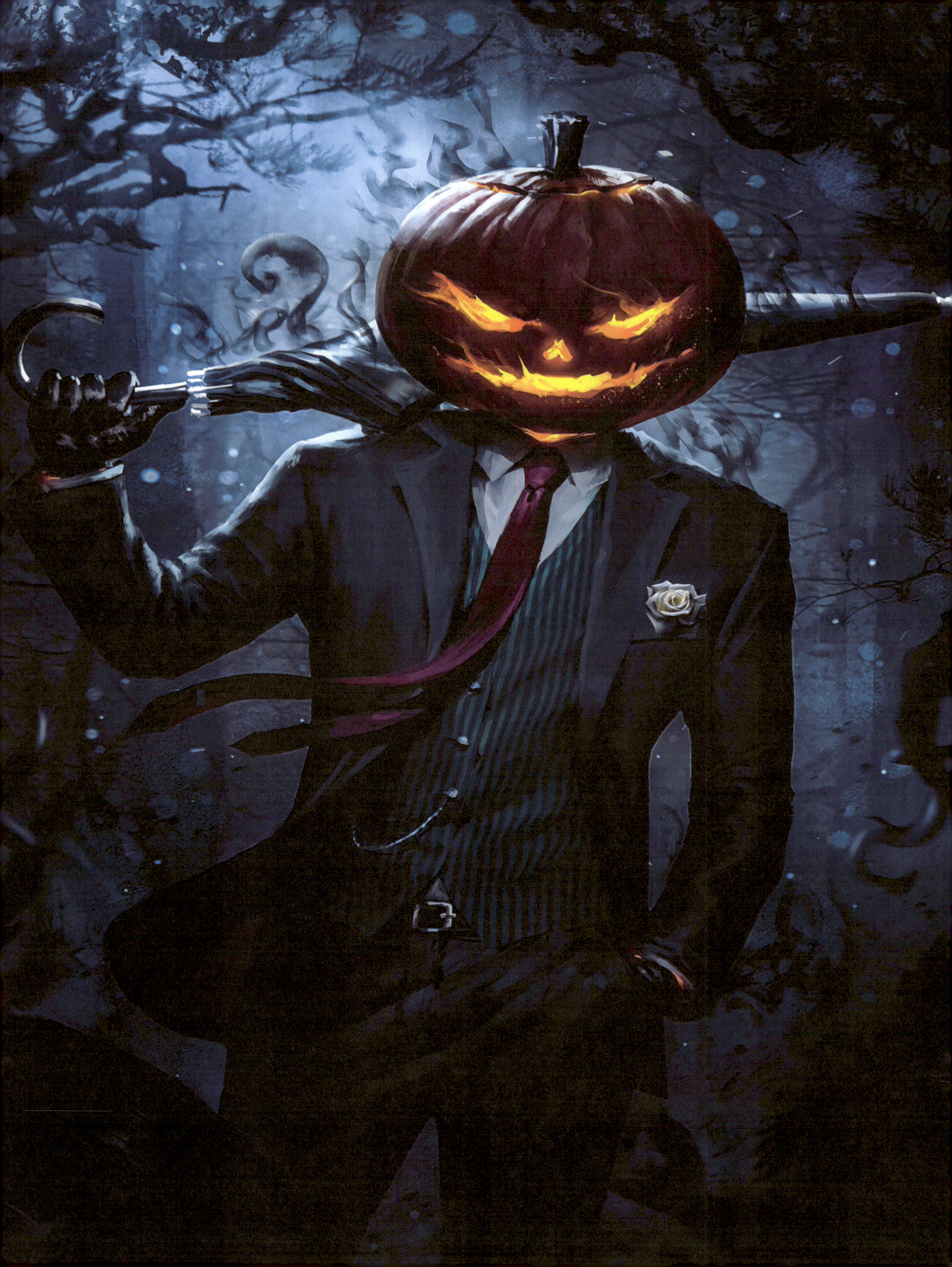

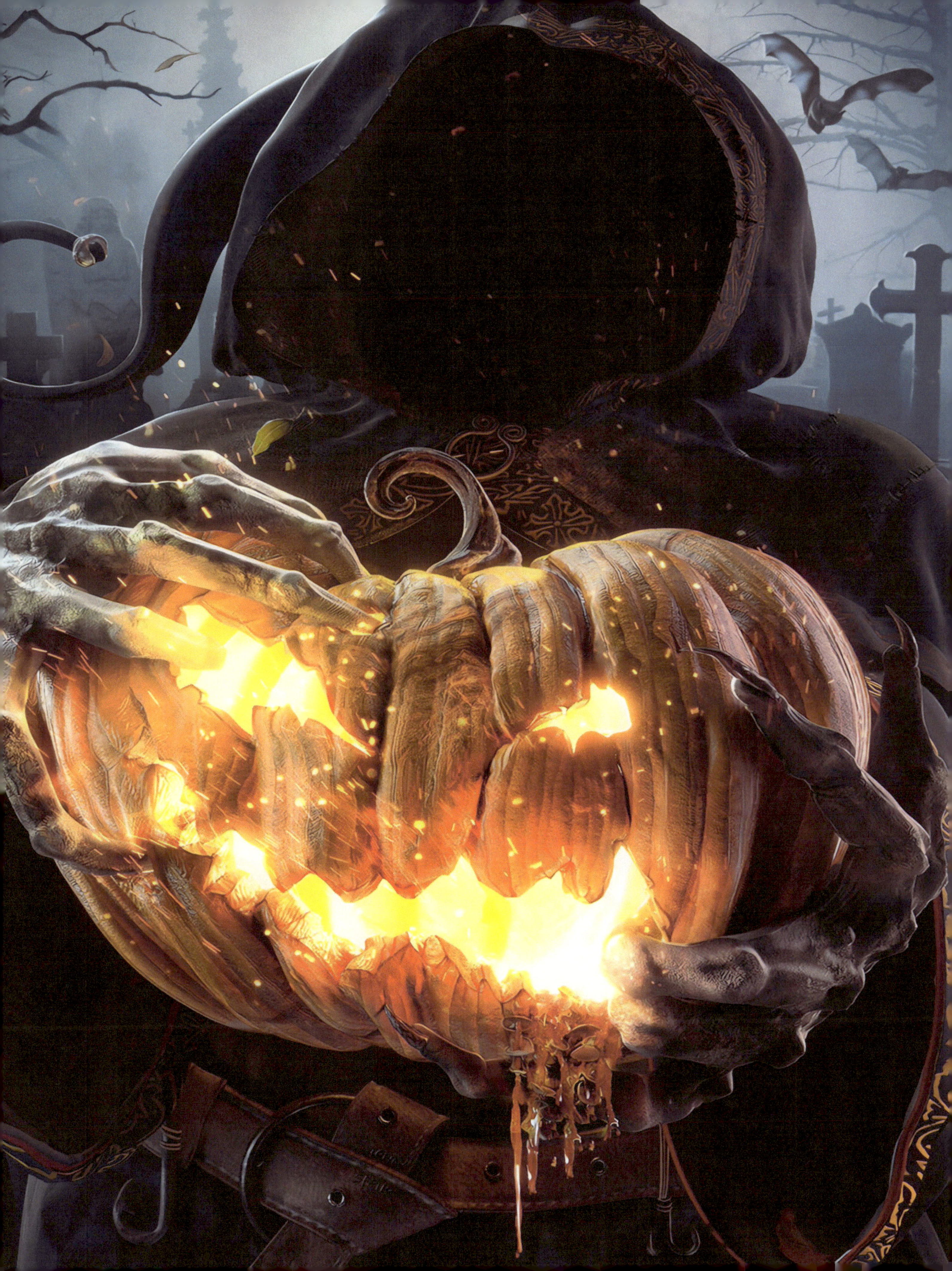

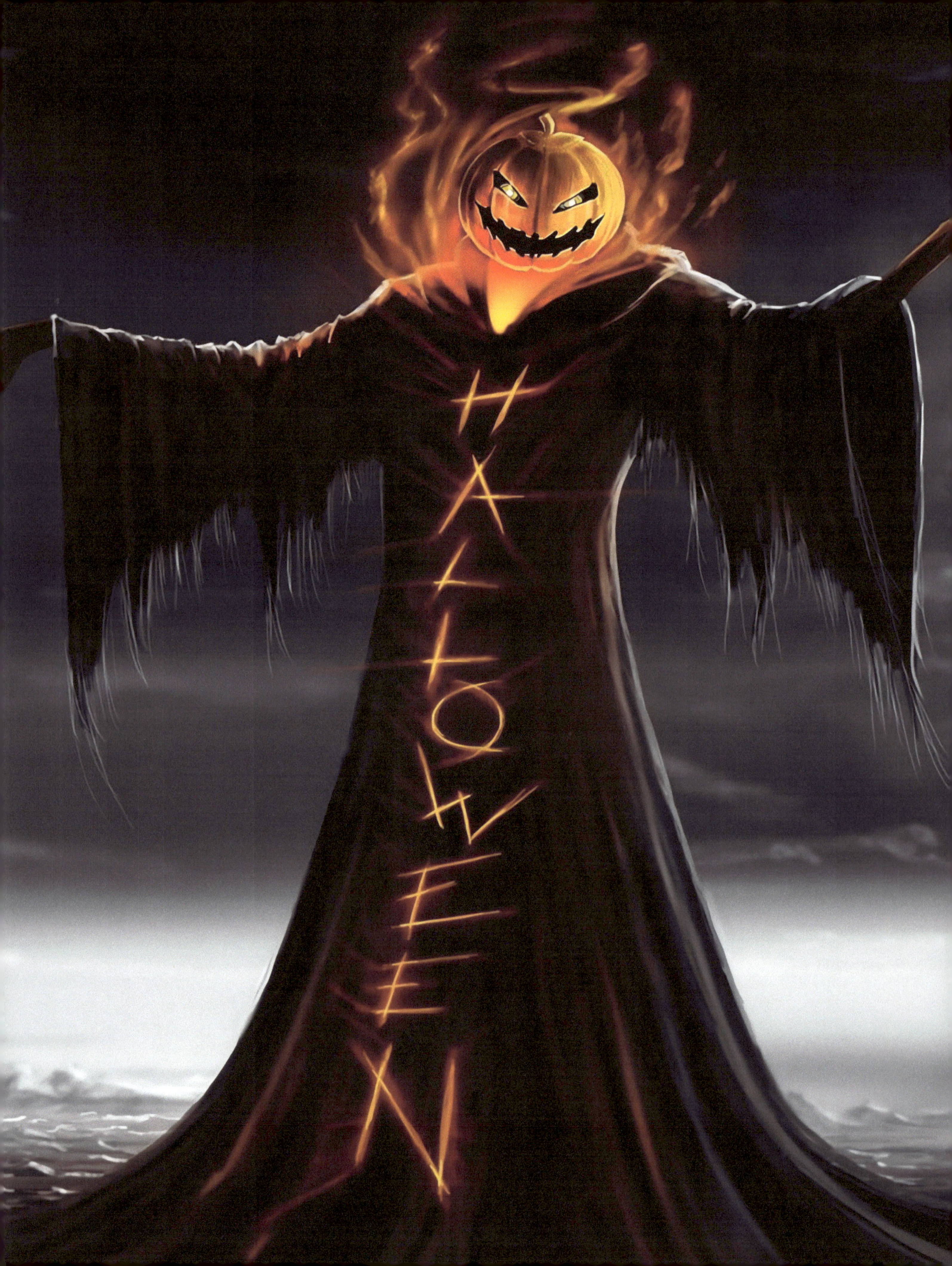

HALLOWEEN

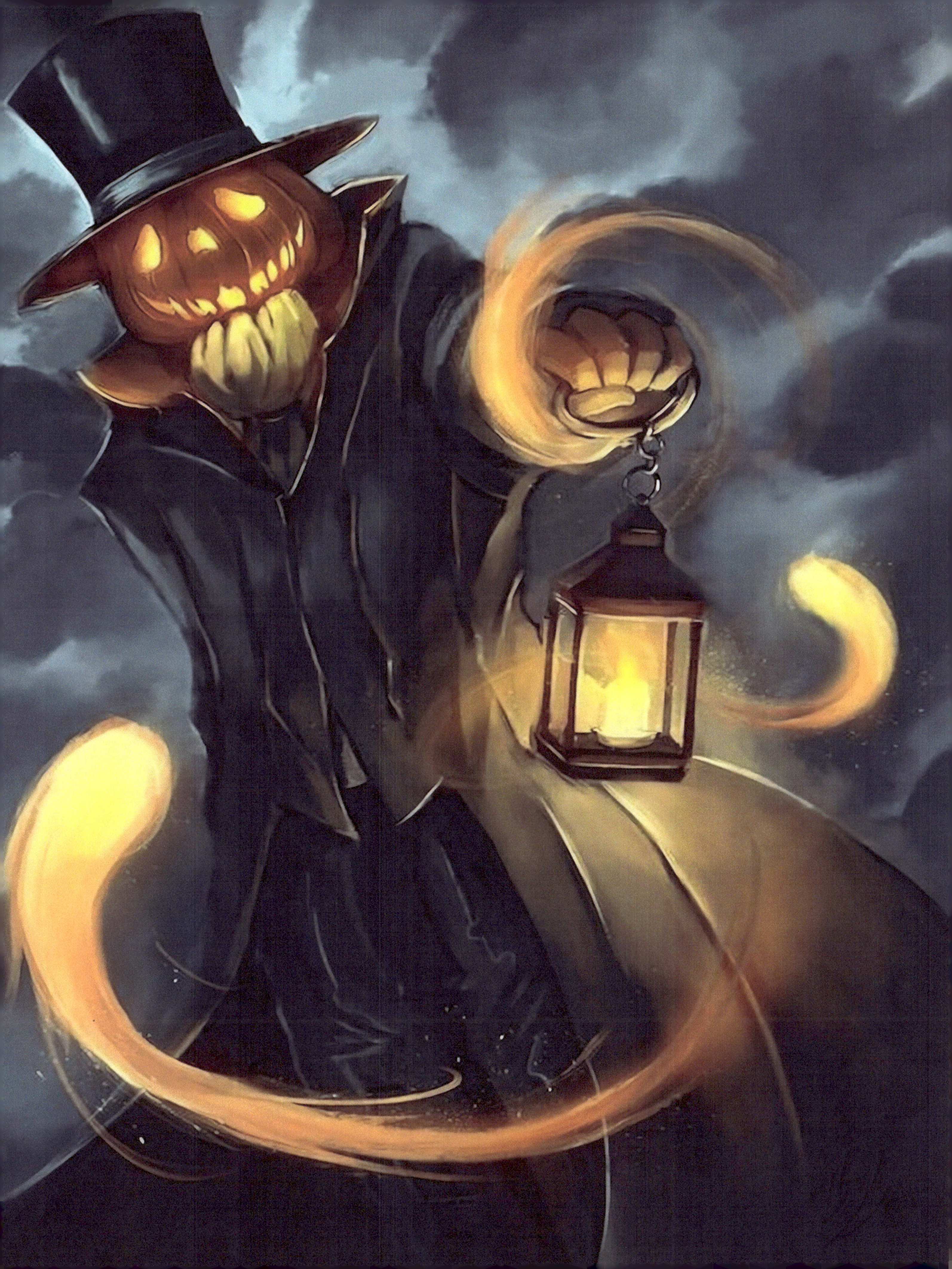

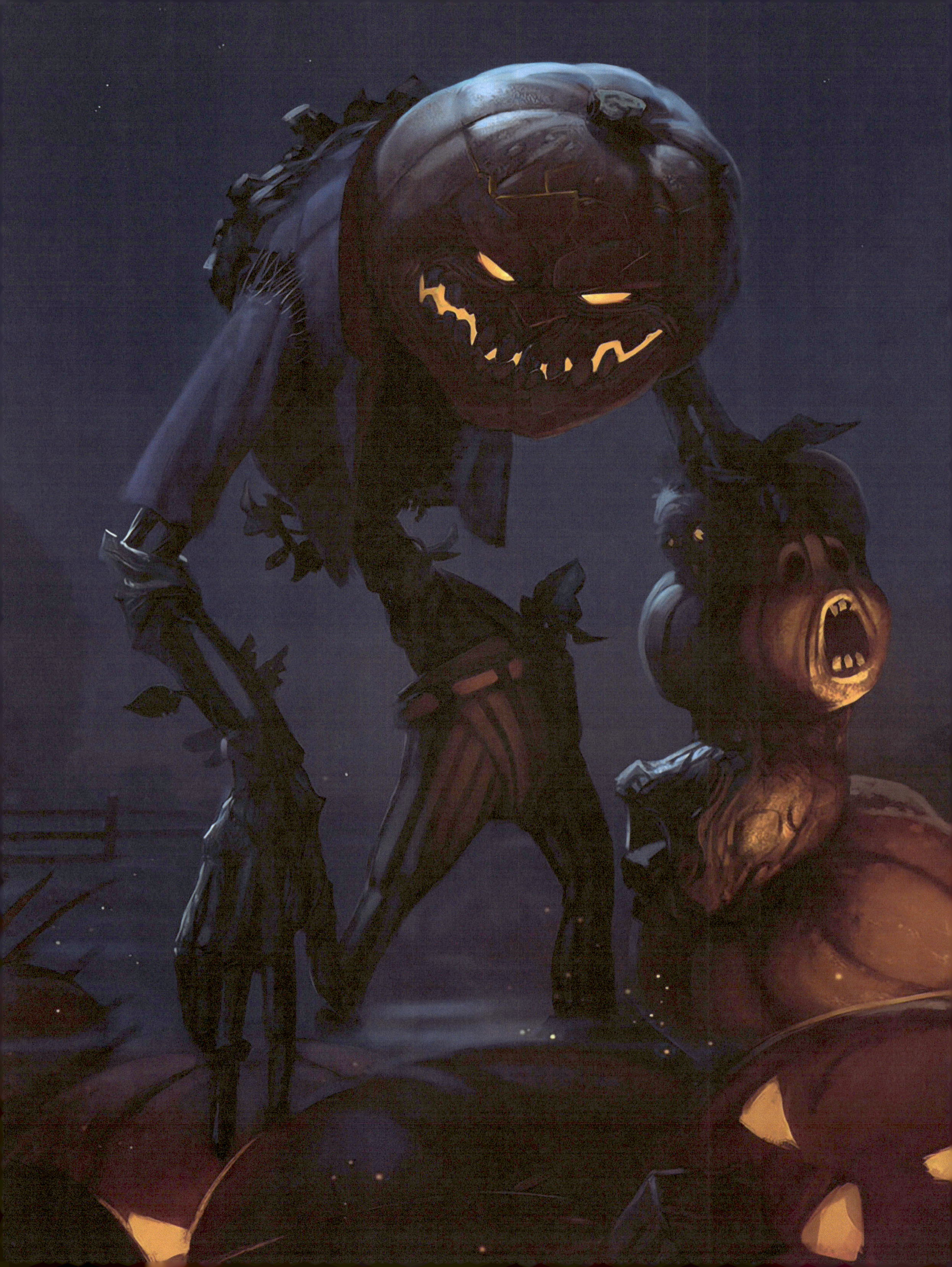

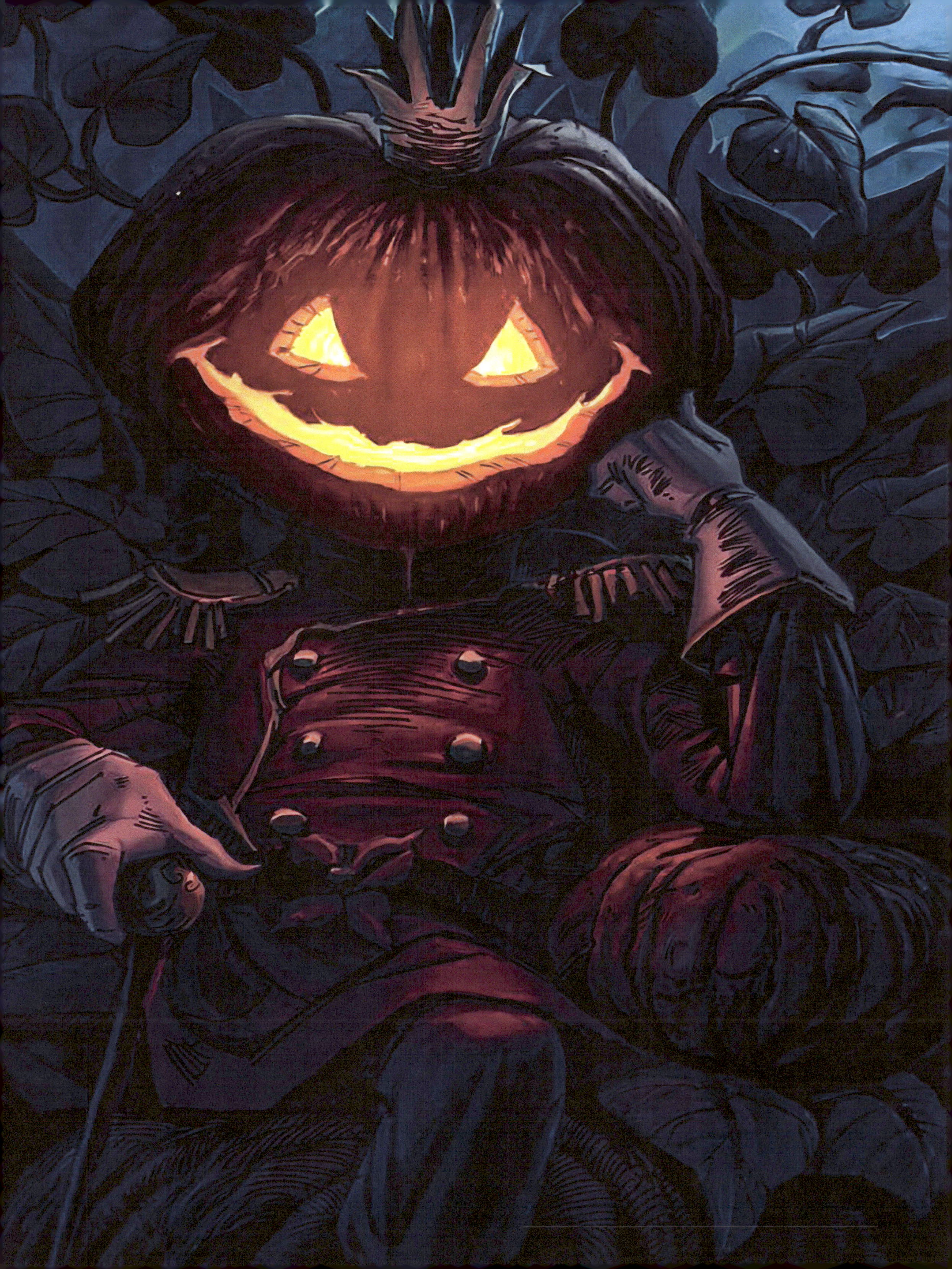

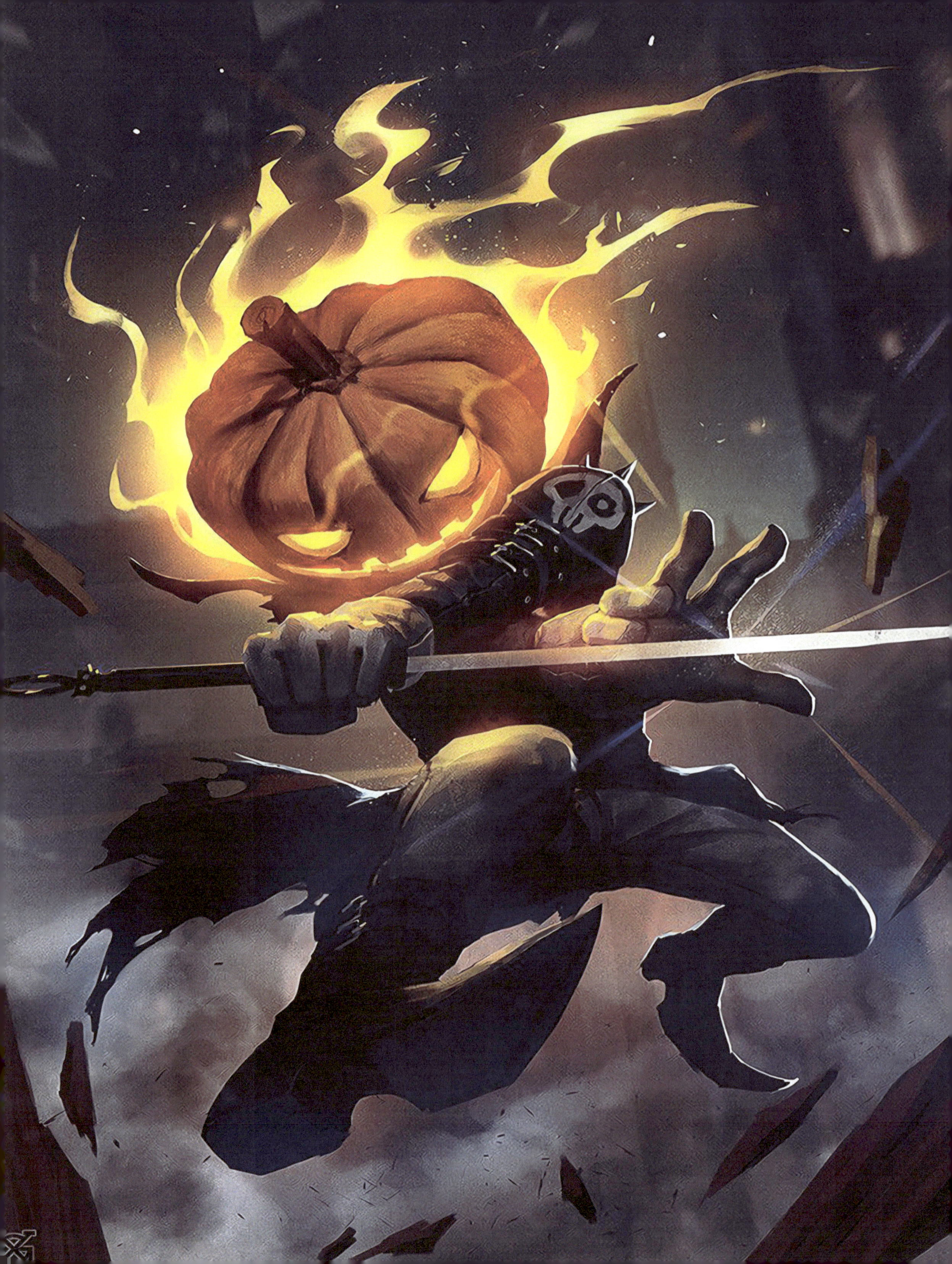

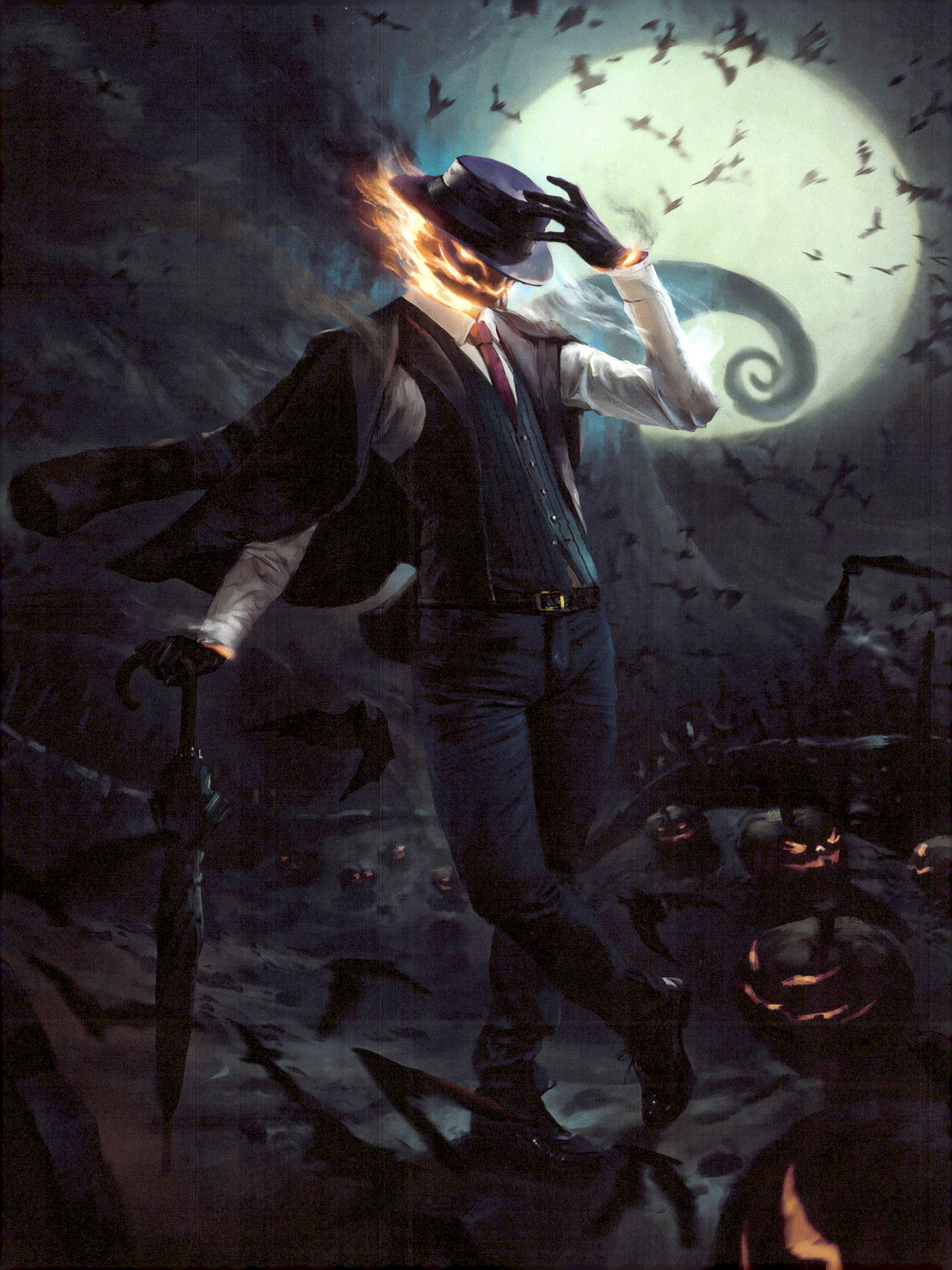

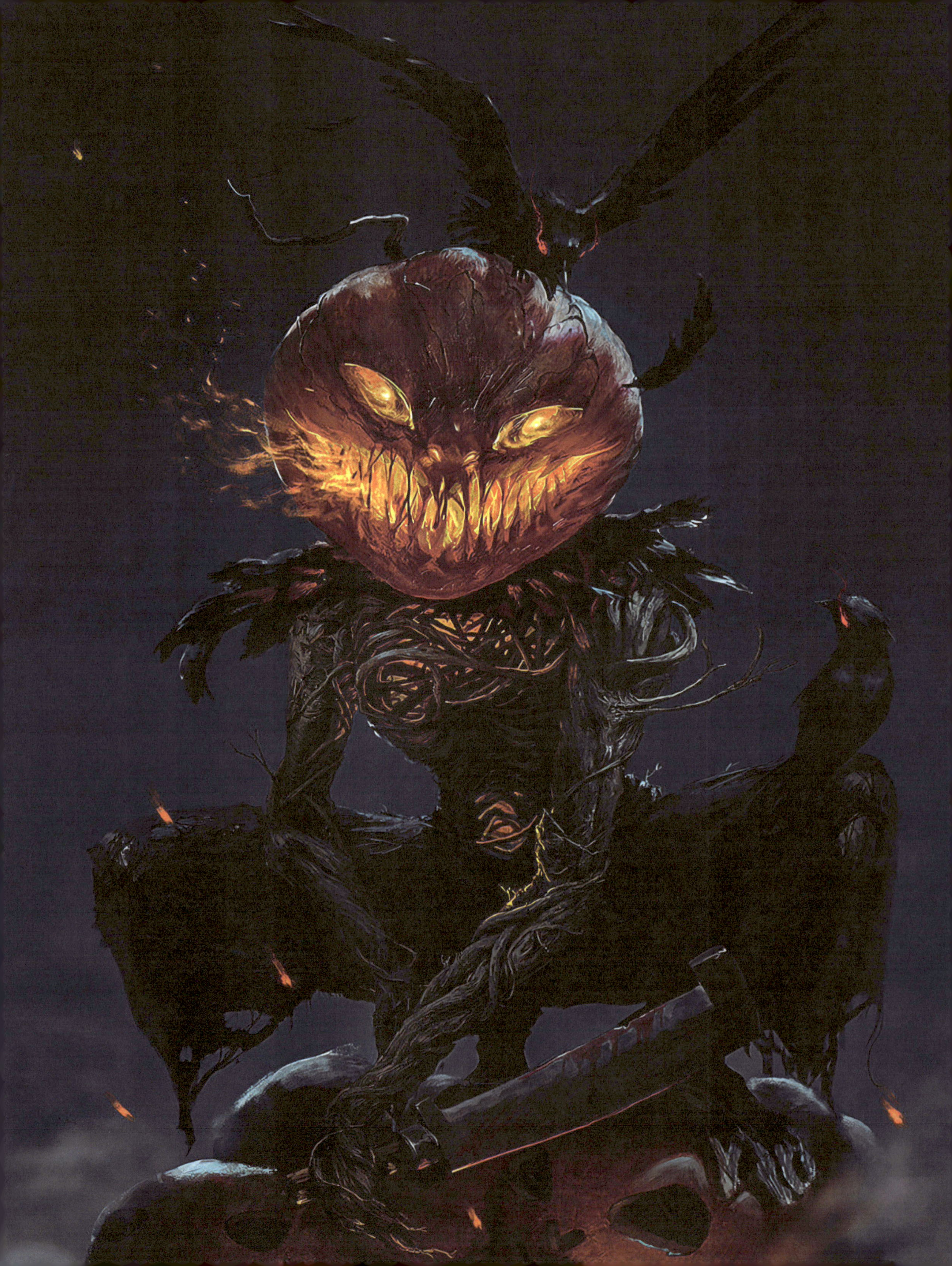

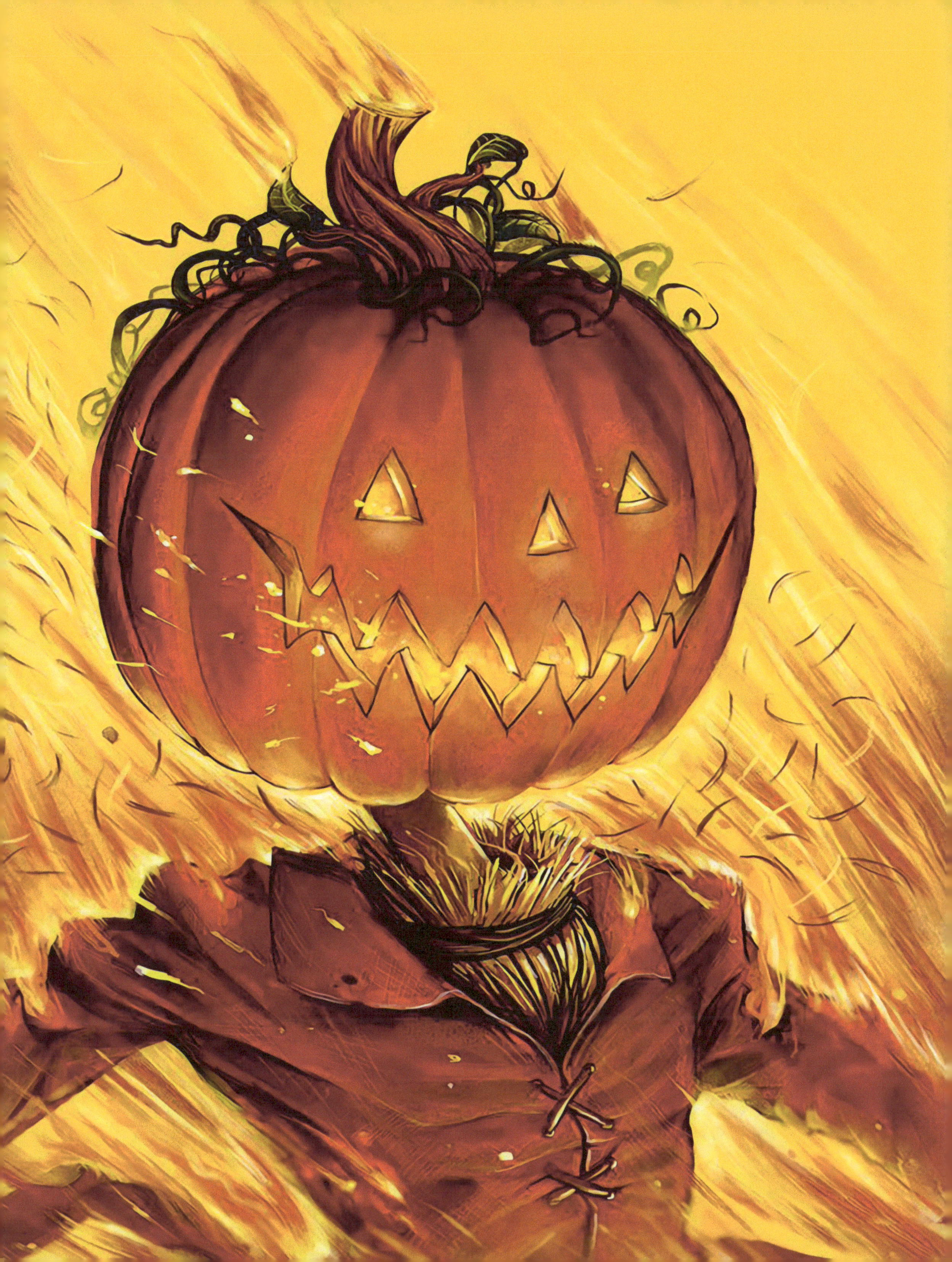

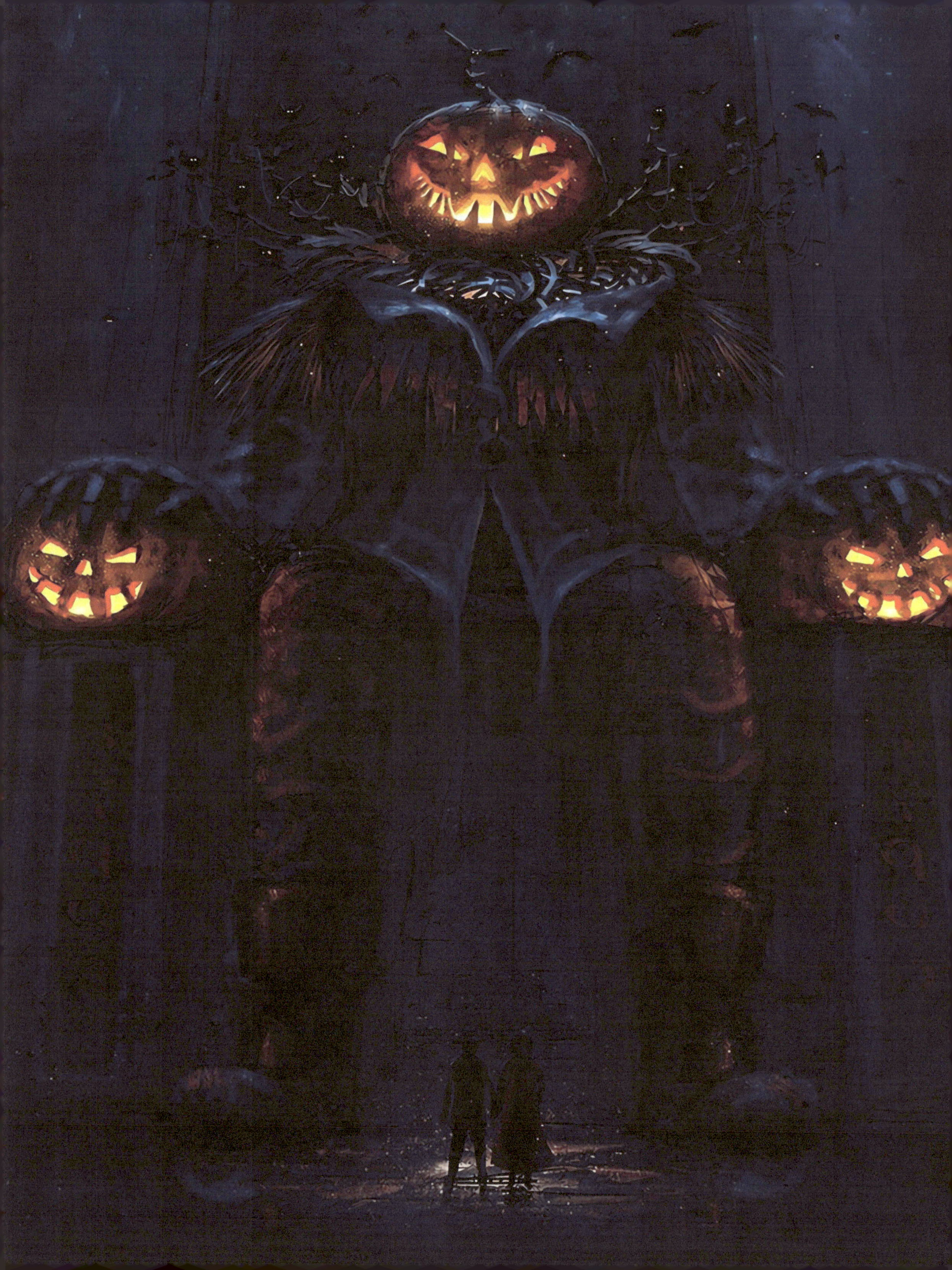

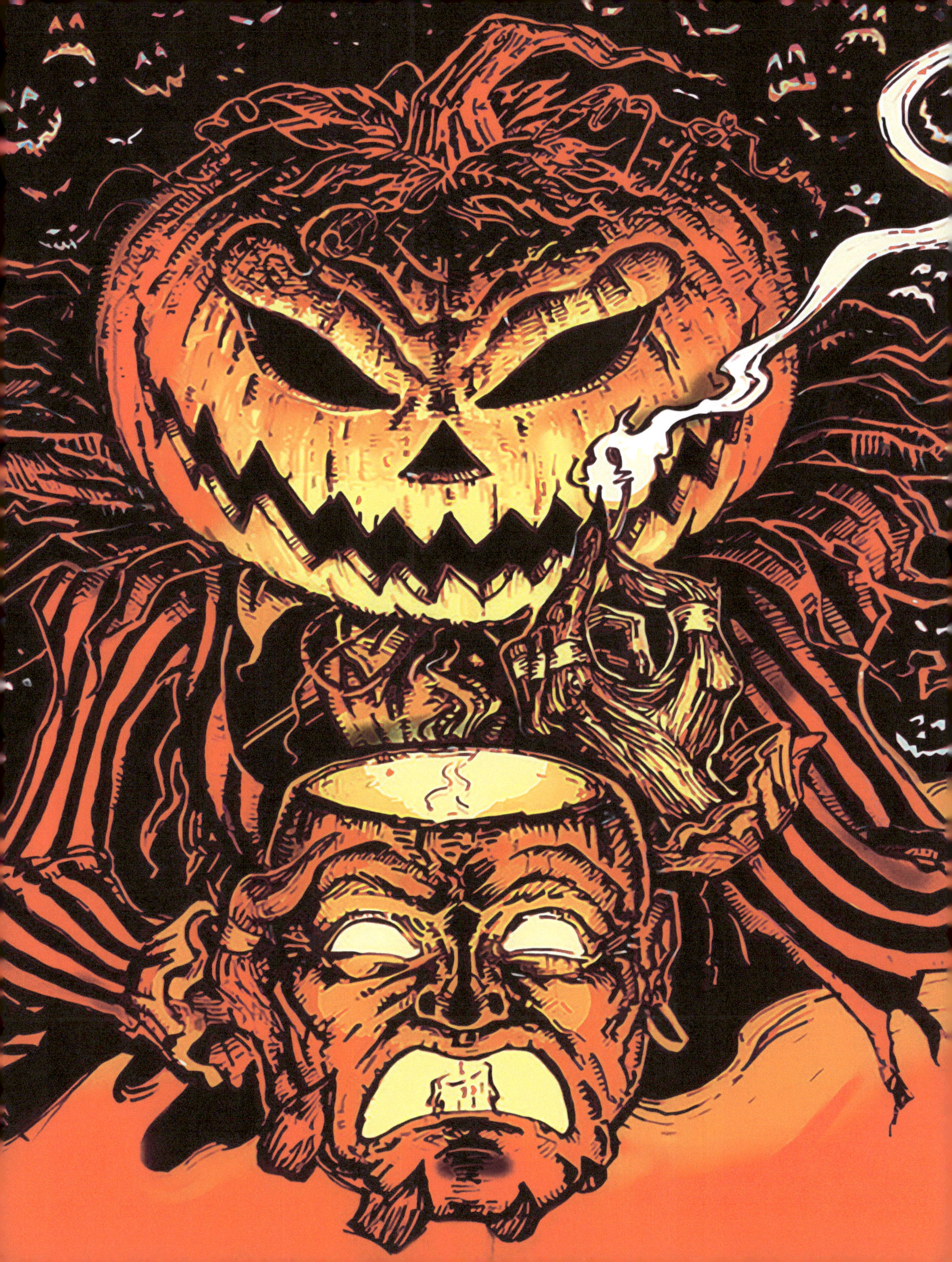

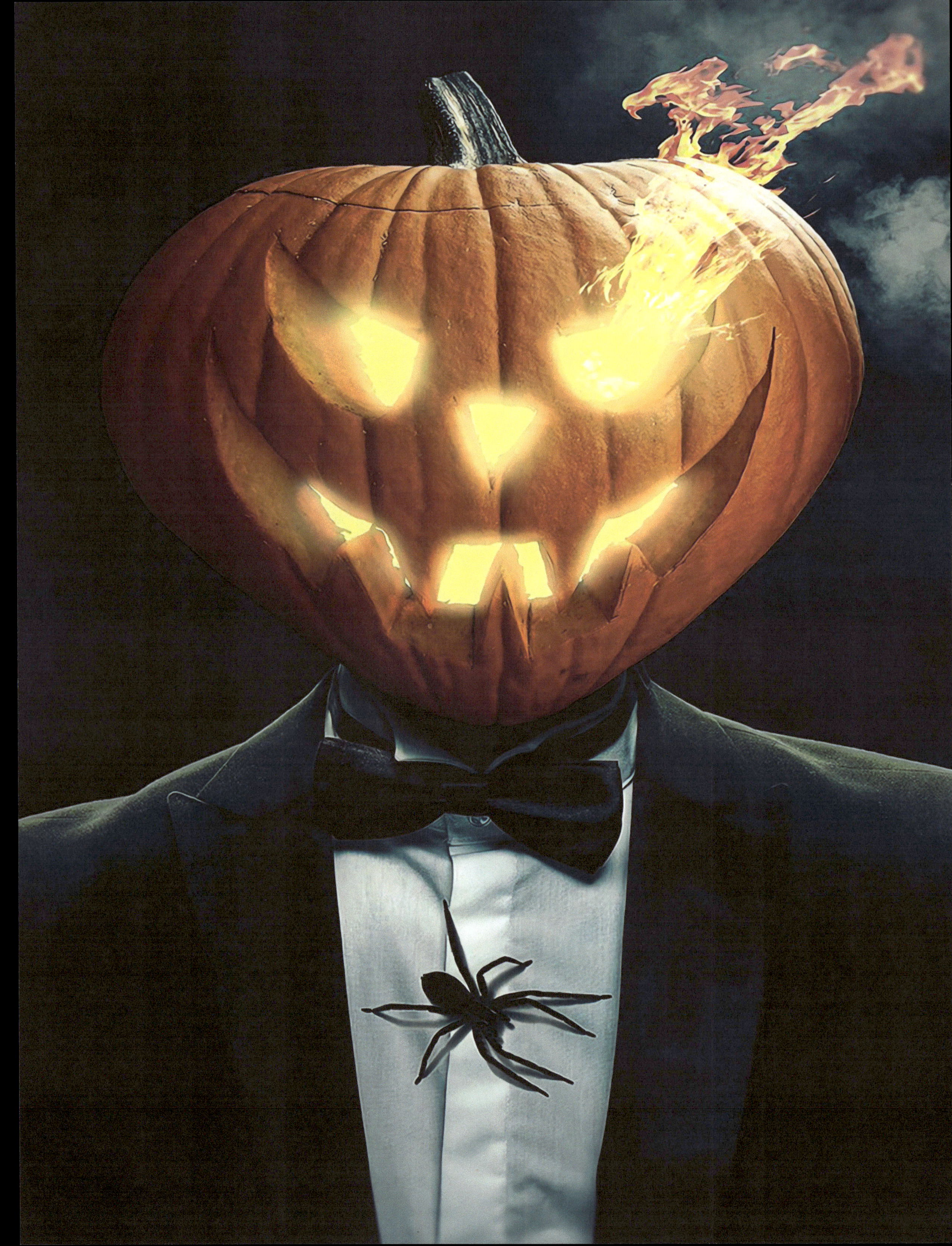

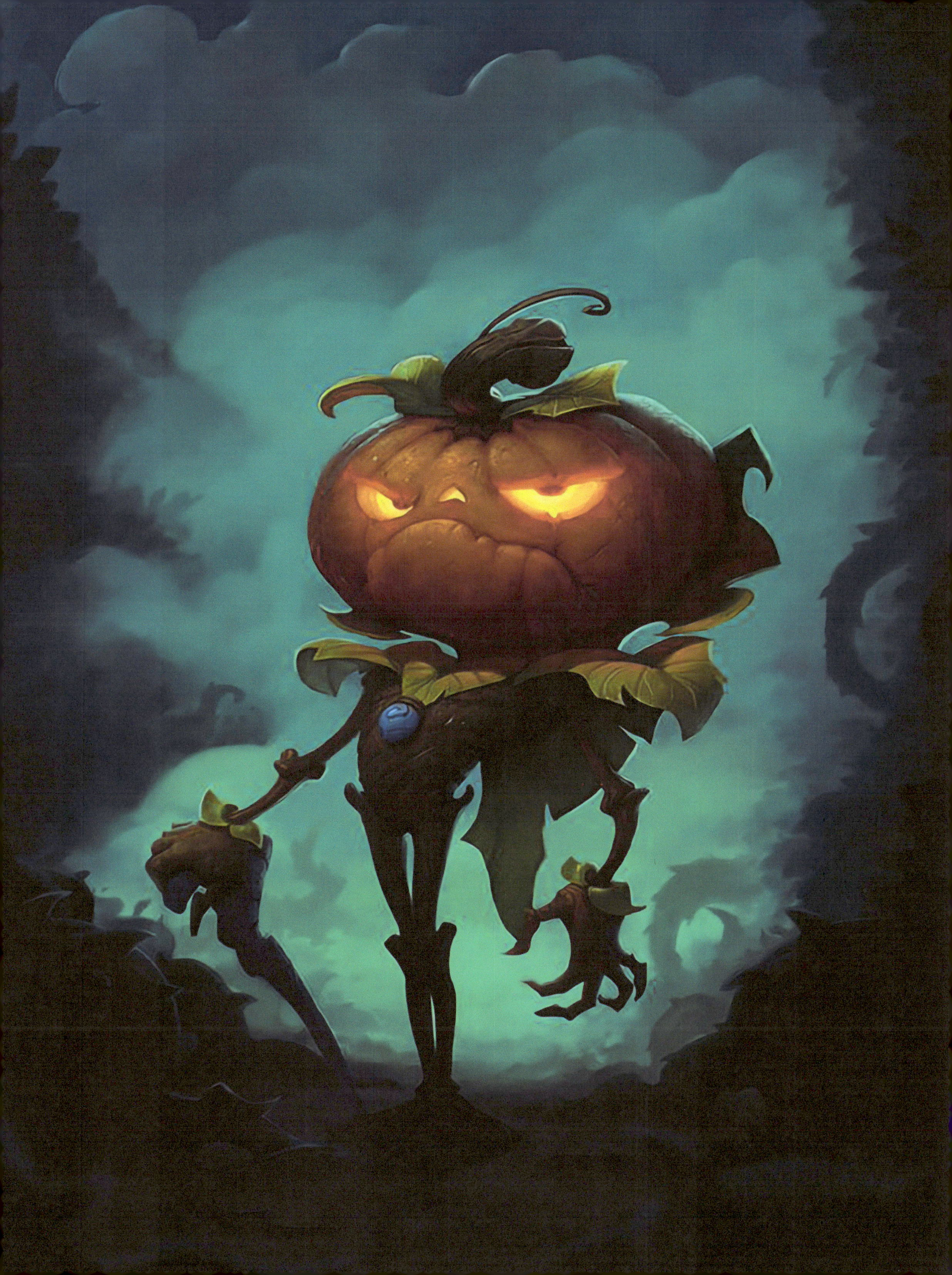

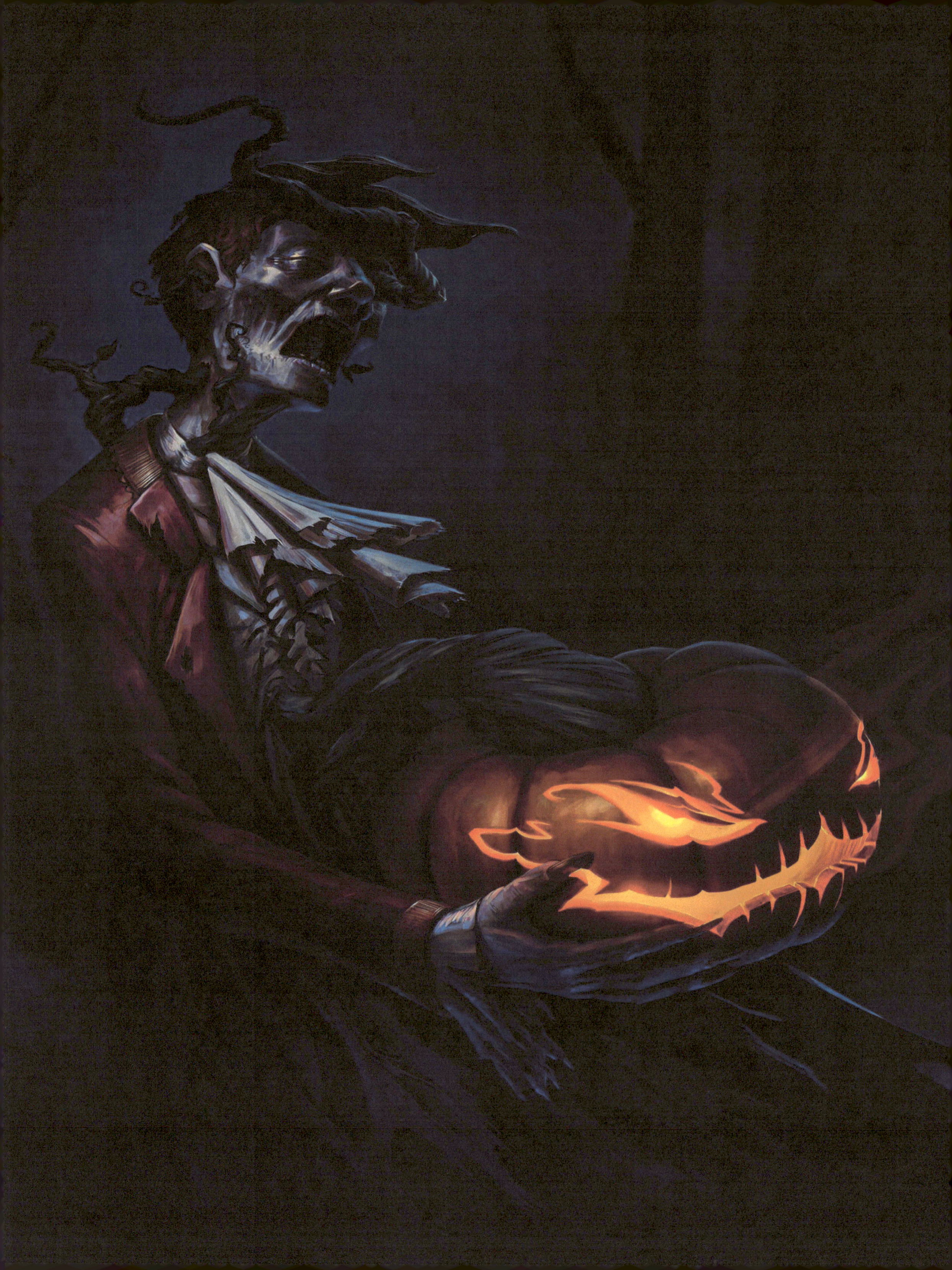

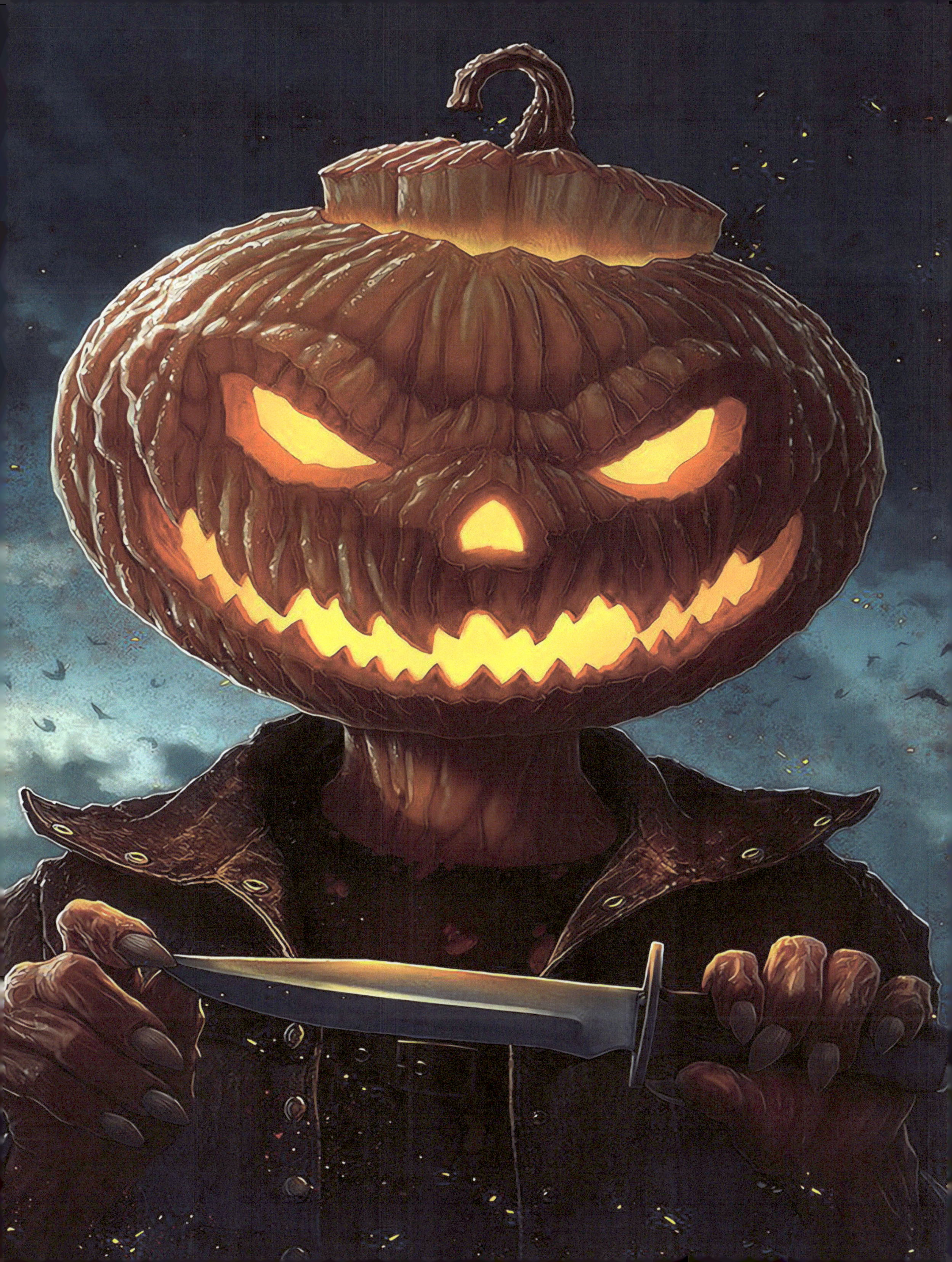

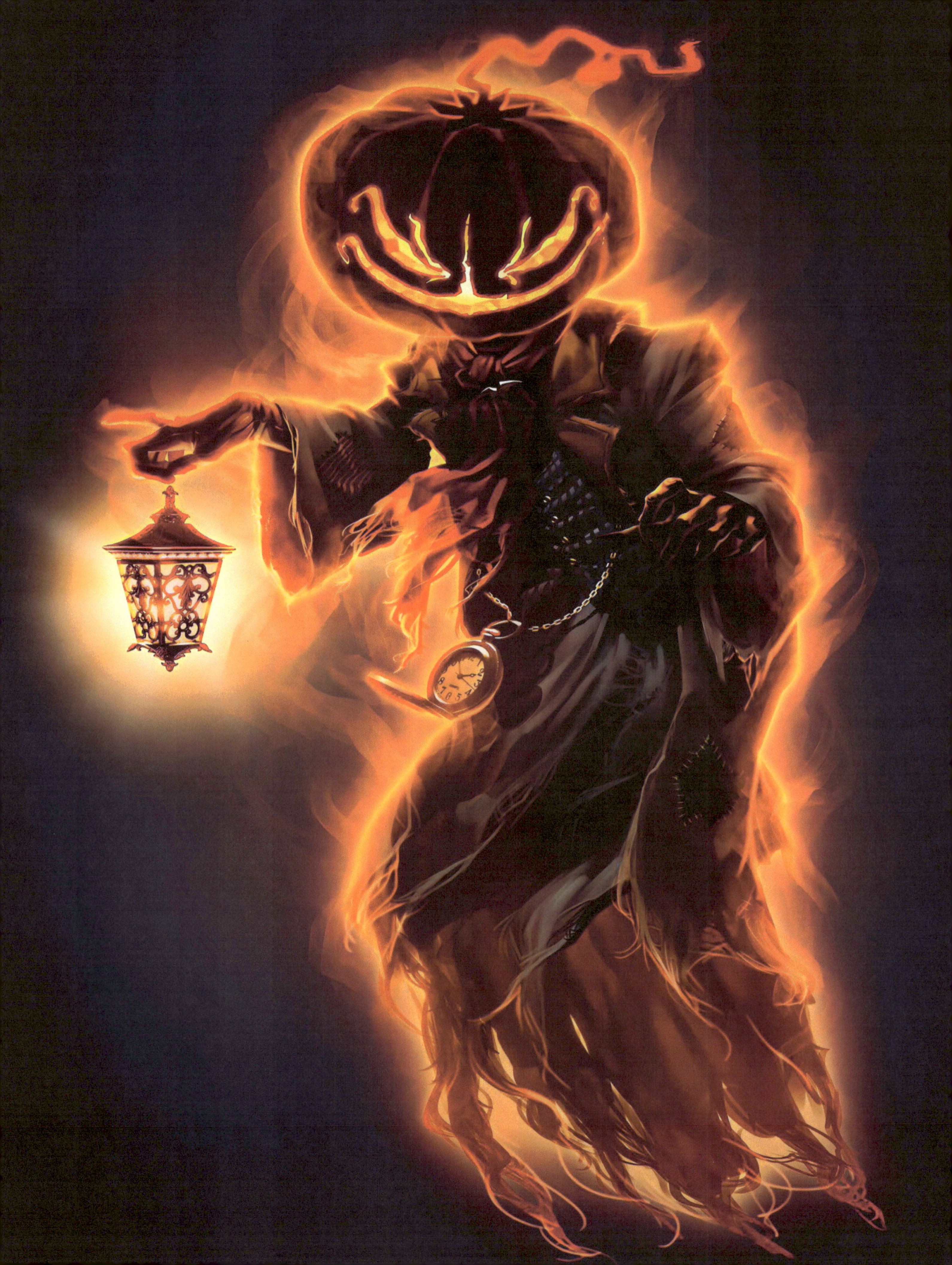

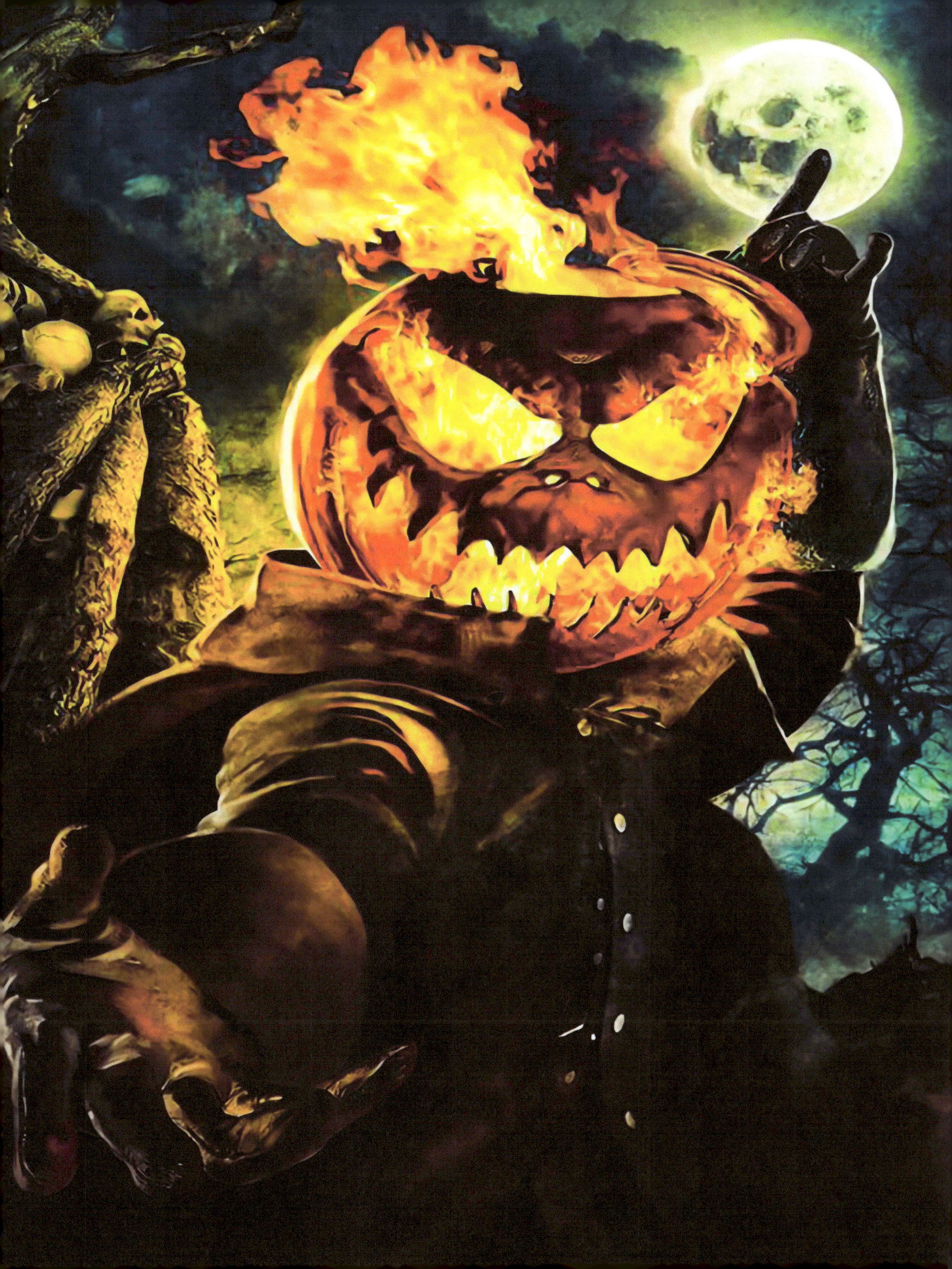

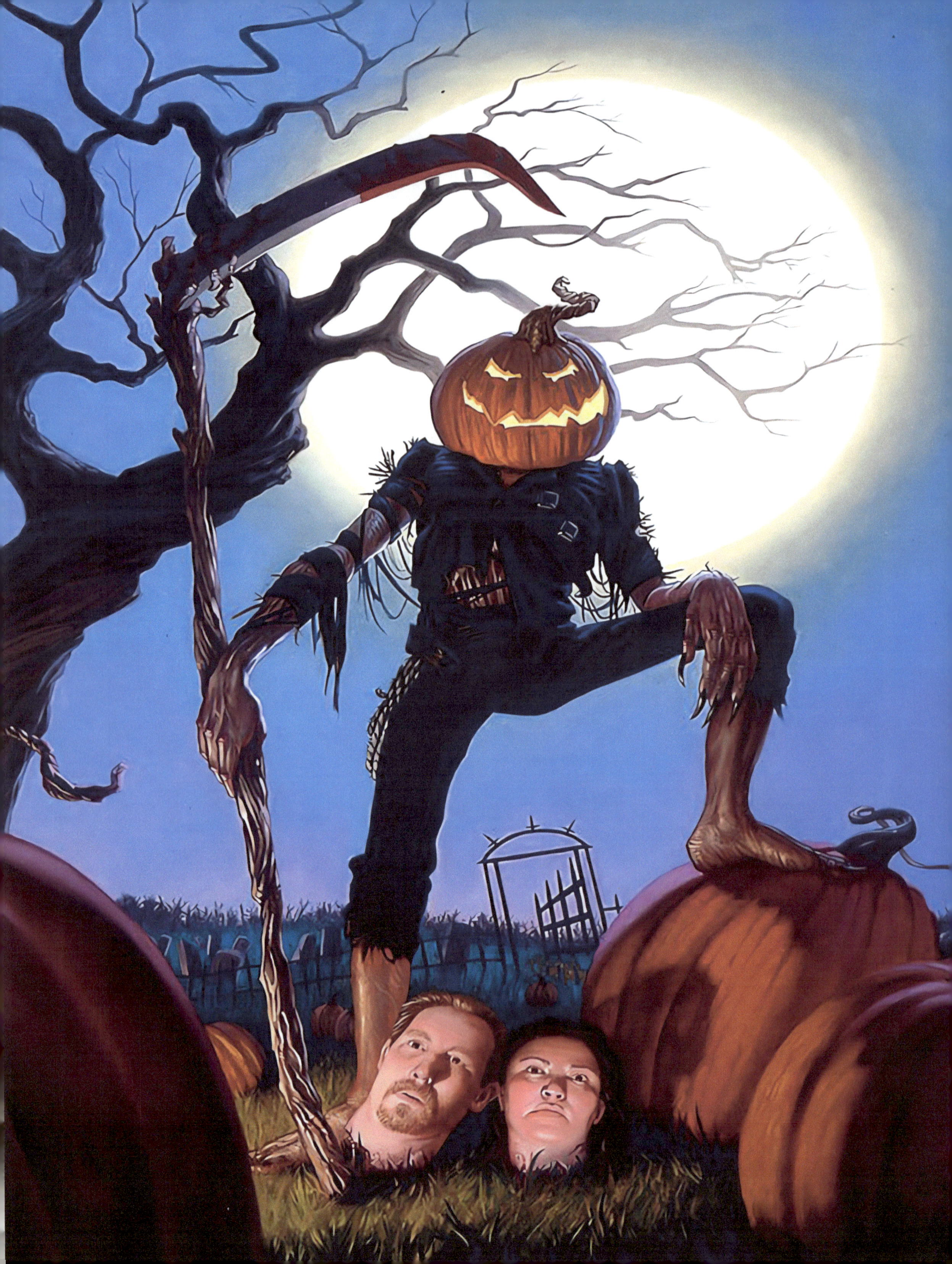

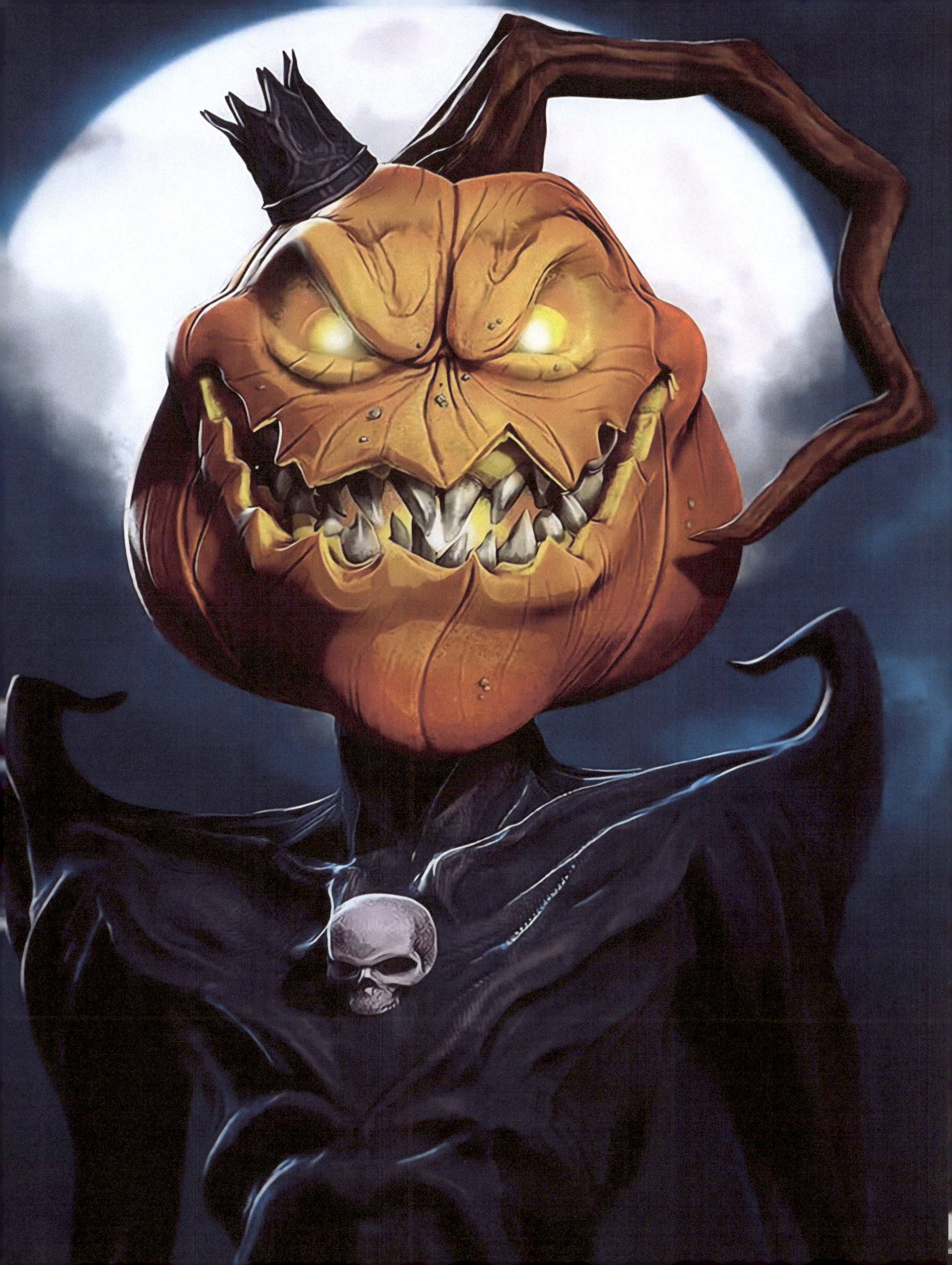

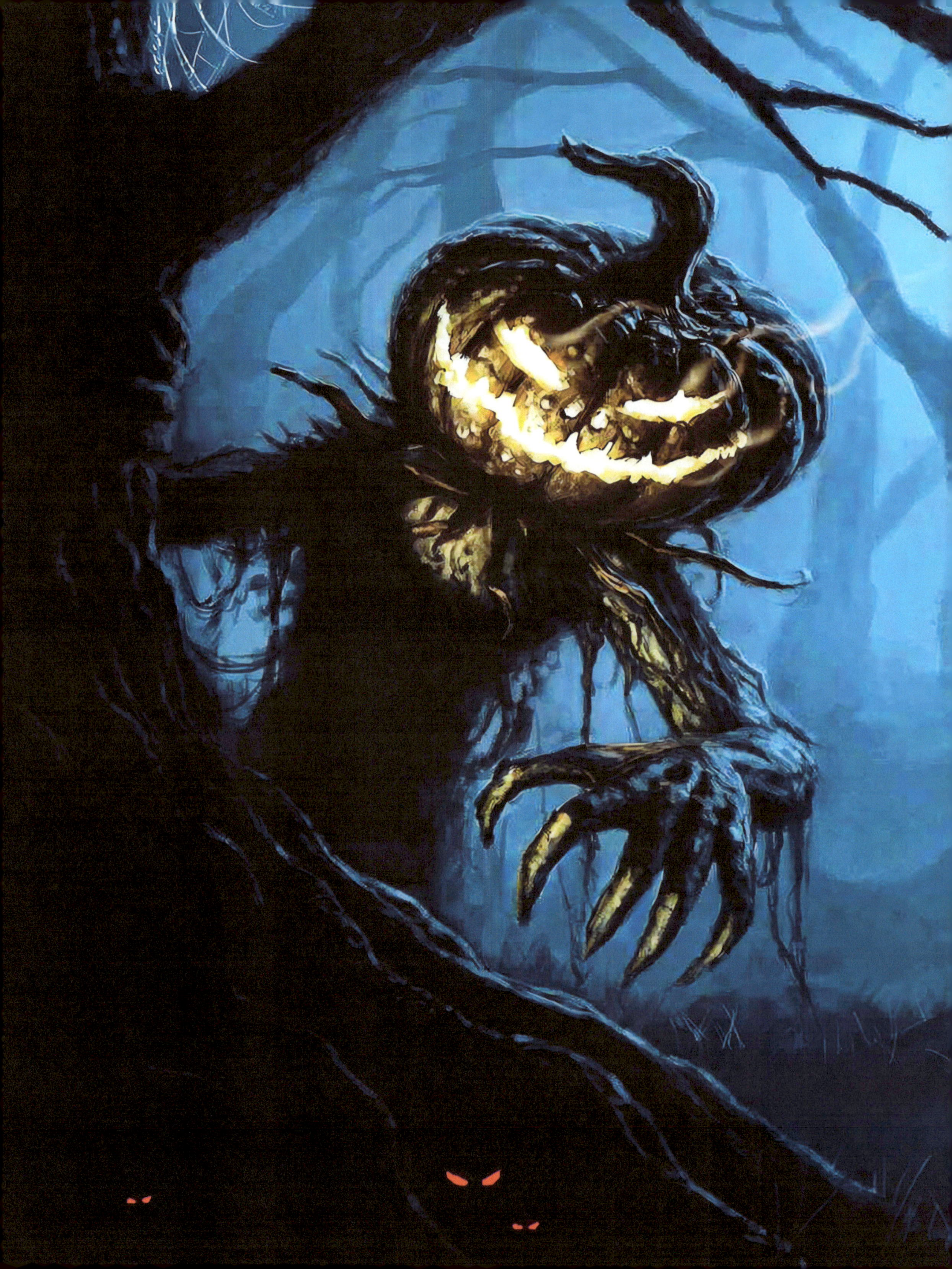

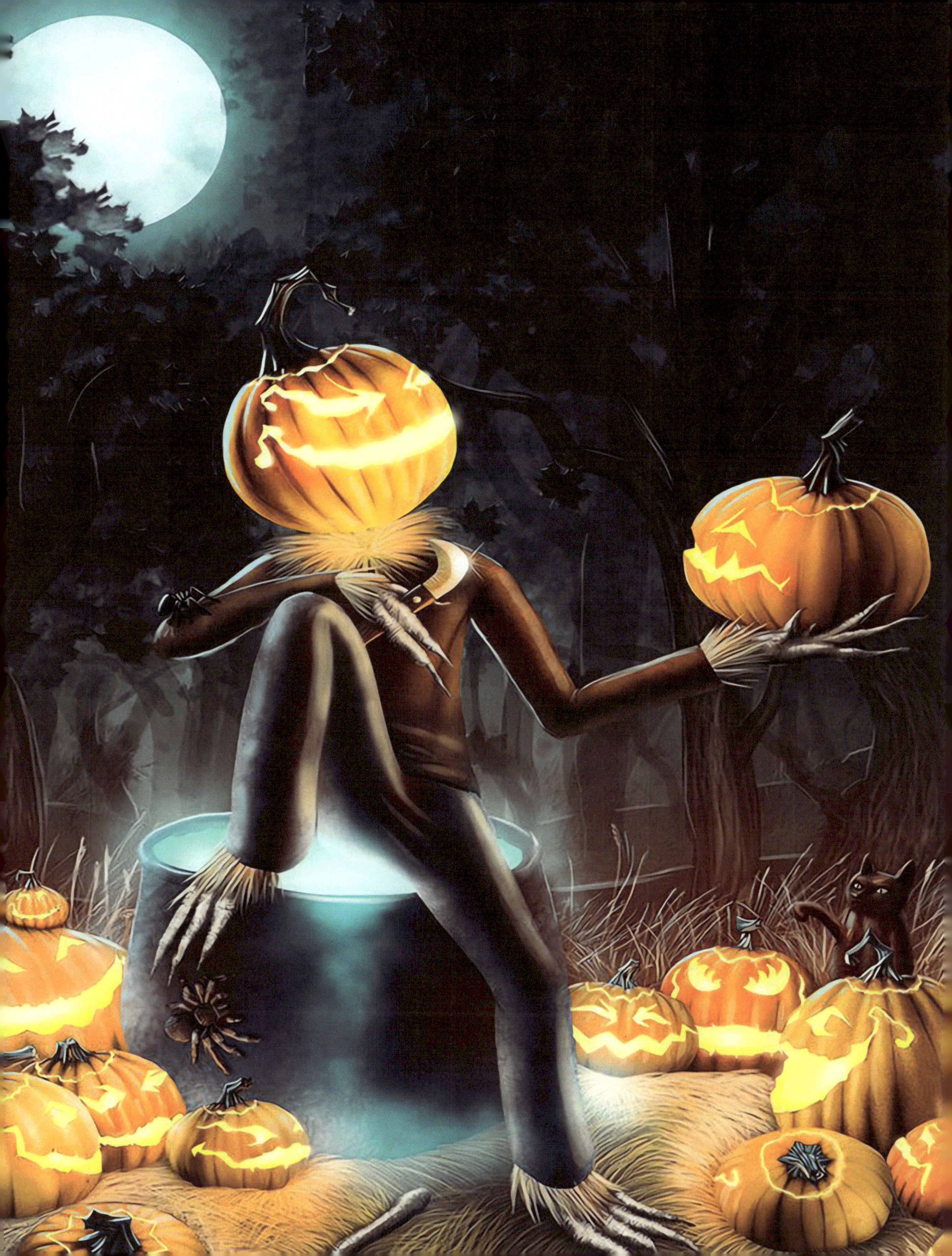

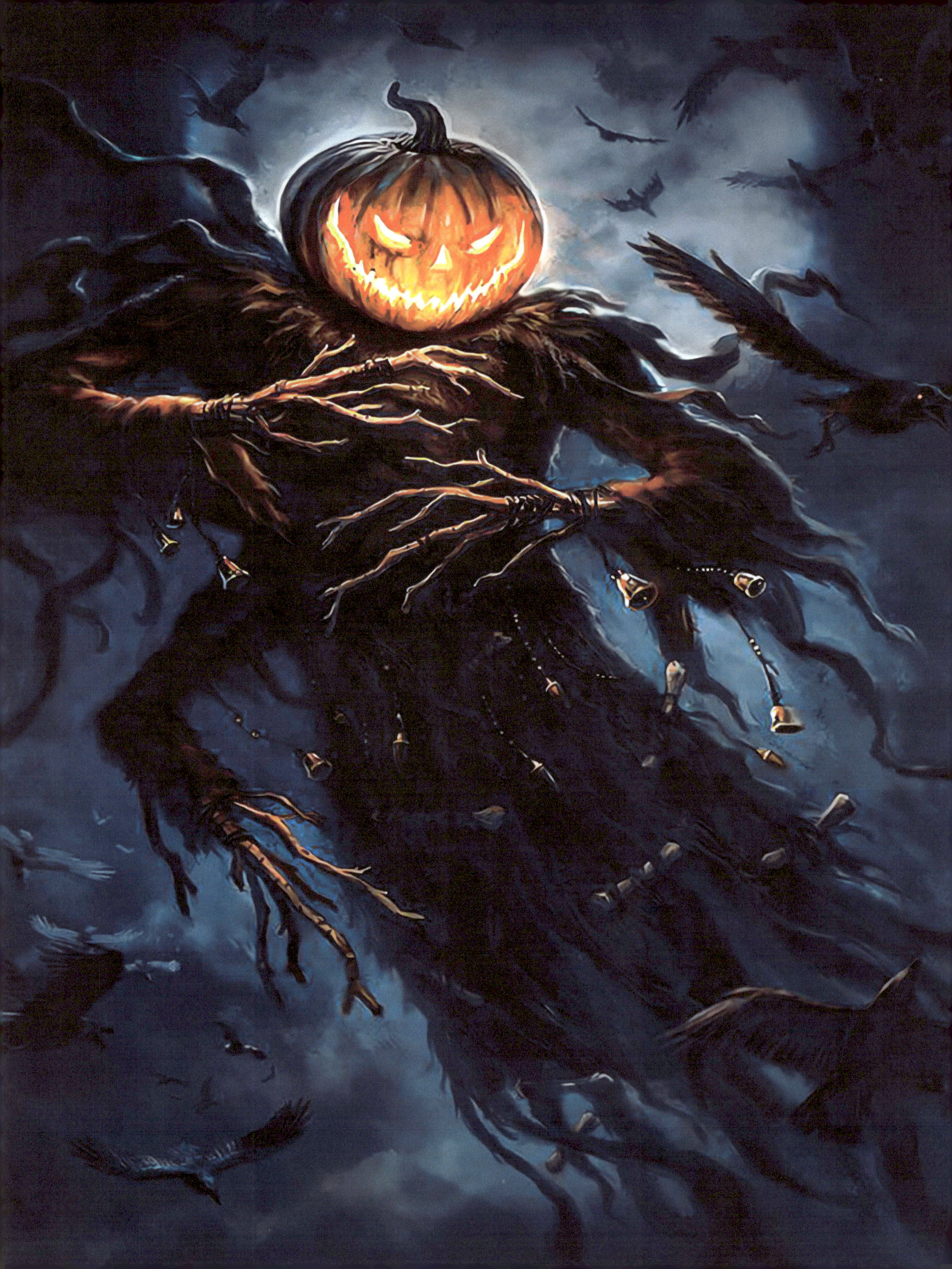